리폼 셀프 인테리어

버리기 아까워
고쳐쓰기로
마음먹었다

리폼 셀프 인테리어

버리기 아까워
고쳐쓰기로
마음먹었다

BM 성안당

손때가 묻은 소소한 일상을
책에 담게 되었습니다

연년생을 키우면서 예쁜 계절을 잠시 잊고 지냈습니다.

예쁜 계절이 눈에 들어올 때쯤 연년생을 키우는 엄마에게 작은 선물이 노크를 합니다.

DIY, 리폼, 셀프 인테리어 취미는 엄마에게는 늘 설레는 행복, 아이들에게는 큰 대문 이를 드러내며 웃는

밝은 성격을 선물로 주었습니다. 아이들과 함께 한 땀 한 땀 수를 놓은 집의 기록들을 적습니다.

필요한 작은 소가구와 가지고 싶었던 소품을 만들고, 엉뚱한 아이디어로 버려진 물건을 리폼하고,

공간마다 스토리가 담긴 집을 꾸미면서 기법 위주가 아닌 생활 속 작은 팁을 담았습니다.

공구, 페인트 기법은 블로그에서 만나요(http://blog.naver.com/0jase).

두근두근 설레는 나의 첫 책, 가족의 응원이 있어 박인정이 있는 것 같습니다.

사랑하는 남편, 그리고 보물 지원, 지훈이 너무 고맙고 사랑해.

CONTENTS

PROLOGUE
010 하루하루 소소한 행복에 물들다

가족의 웃음이 묻어나는 따뜻한 공간, 거실

030 동글동글 거실 테이블 만들기
032 블링블링 벽시계 만들기
034 롱 수납 선반 만들기
036 우유팩으로 만든 미니 수납장
038 사은품으로 받은 사이드 테이블 심플하게 리폼
042 홍삼 박스로 만든 딸아이 머리핀 수납함
044 주워 온 낡은 책상 개성 있는 테이블로 리폼
046 보기 싫은 문 패브릭으로 간단하게 가려주기
048 파이프로 조명 거치대 만들기
050 거실 벽면 핸디코트와 페인트 작업
054 지저분한 전기선 정리해주는 바구니 리폼
056 오래된 화분 리폼
058 퐁퐁이로 만들어 본 티코스터
060 아쿠아 유리로 만든 인터폰 박스
062 옷걸이로 잡지랙 만들기
066 두 가지 분위기의 거실
068 주워 온 유아 의자 인테리어 소품으로 변신
070 카페 같은 조명
072 공병으로 만든 크리스마스 조명
074 생동감을 담은 코너 벽

행복을 요리하는 주방

- **084** 천장에 두 칸 선반 만들기
- **086** 초콜릿 냉장고로 변신한 오래된 냉장고
- **088** 콧수염 커피 박스
- **090** 모던한 식탁과 의자 만들기
- **092** 주방 보조 테이블에 시크한 멋내기
- **096** 순수함이 묻어나는 트레이 만들기
- **098** 고방 유리 2단 수납장 만들기
- **100** 채소, 과일 수납함으로 리폼한 헌 냄비
- **102** 주방 유리문 블랙 시트지 작업
- **104** 심플한 스트링 선반으로 정리
- **108** 쌍둥이 쌀통 만들기
- **110** 안 어울리는 조명은 페인트 작업으로 리폼
- **112** 우유통으로 영수증 보관함 만들기
- **114** 자투리 목재로 심플 액자 만들기
- **118** 캔 통으로 만드는 스파게티, 면 보관함
- **120** 변화가 필요한 싱크대 심플하게 작업
- **122** 냉장고 틈새 수납장
- **124** 공병으로 스트로 보관함 만들기

내 아이의 꿈이 자라는 곳, 아이 방

- **134** 달달한 프레임 3단 선반
- **136** 귀요미 냉장고 수납장
- **138** 오래된 쟁반으로 동물원 벽시계 리폼
- **140** 통통 튀는 매력적인 전자레인지 수납함
- **142** 오래된 컴퓨터 책상 리폼
- **146** 퍼플이 사랑스런 침대 벽면 페인트 작업
- **148** 딸아이 속옷 및 소품 수납장
- **150** 좁은 방에 잘 어울리는 책상
- **152** 창고 문은 아이들 그림 도화지
- **154** 러블리 꽃 볼 만들기
- **158** 미니 화장대로 변신한 협탁
- **160** 홍삼 박스로 낡은 분위기 나는 필통 리폼
- **162** 귀요미 냉장고 수납장 리폼
- **164** 지저분해 보이는 방문 손잡이 교체
- **166** 종이 상자로 만든 가방
- **170** 택배 상자로 액자 만들기
- **172** 어린 왕자 수납함으로 변신한 공간 박스
- **174** 풍선을 이용해 만든 볼 모빌
- **176** 침대 아래 넉넉한 수납함 만들기
- **178** 침대 전용 조명 만들기
- **182** 머핀 판과 테이크 아웃 컵이 만나 문구류 정리 OK
- **184** 뭉게뭉게 구름 모빌 만들기
- **186** 작은 책상의 짝꿍, 미니 책꽂이 만들기
- **188** 반짝반짝 예쁜 방문 꾸미기

나를 찾아 떠나는 여행, 침실

196 11년 된 장롱 새 장롱으로 리폼
198 침실에 어울리는 책상 만들기
200 침실 화장실 문을 카페 문처럼 리폼
204 감추고 싶은 콘센트 하우스 만들기
206 누런 장판 데코 타일 작업으로 화사하게 리폼
208 시크한 타공 판 메모 정리

소풍 나오고 싶은 공간, 베란다

218 작은방 베란다 빈티지 벽면 작업
220 작아진 아이들 우비 장화 베란다 소품으로 리폼
222 공병으로 압화 소품 만들기
224 사과 궤짝으로 수납함 만들기
226 비타민 통 플라워 빈티지 수납함
230 싱그러운 사이드 테이블 만들기
232 철 부식 페인트로 베란다 소품 만들기
234 주워 온 우드 상자 리폼
236 달걀판, 달걀 껍질로 다육이 하우스 만들기
240 돋보이는 북카페 웨건
242 베란다 벽 루바 작업
244 평범한 책 분위기 있게 표지 싸기
246 마트용 커피 통 리폼, 화분도 카페 스타일

251 필수 공구

PROLOGUE

하루하루 소소한 행복에 물들다

집 꾸미는 일이 너무 행복한 평범한 아줌마였습니다

연년생 아이 둘을 키우면서 창밖의 세상과 단절된 하루하루를 보냈습니다. 그저 까르르 웃으면서 신 나게 놀고 있는 아이들과 바쁘게 지나가는 사람들을 물끄러미 바라보기만 했죠. 빨리 봄이 되기만을 기다렸습니다. 하지만 기다렸던 봄이 와도 아이 둘을 데리고 밖으로 나가는 일은 만만치 않았습니다. 작은아이를 씻기고 옷을 입히면 큰아이가 스르르 잠이 들고, 큰아이가 깨기를 기다리다 보면 어느새 작은아이가 잠이 들고. 그러다 보니 아파트 단지 안에 있는 놀이터 한번 나가기도 쉽지 않았습니다. 자연스럽게 집에서 보내야 하는 시간들이 많아졌습니다. 어린아이 둘을 키우는 대한민국 엄마들이라면 충분히 공감할 수 있는 평범한 일상입니다.

그러던 어느 날, 집안에 있는 가구를 요리조리 조심스럽게 바꾸어 보았습니다. 늘 같은 공간에 머물러 있는 가구가 답답해 보였기 때문입니다. 그런데 놀랍게도 가구 배치를 바꾸는 것만으로도 기분이 좋아지기 시작했습니다. 가구를 옮기면서 생긴 뭉게뭉게 먼지들을 청소하면서 덩달아 마음도 깨끗해지고 흥이 절로 났습니다. 그리고는 며칠 지나지 않아 이번에는 월넛 색 작은 협탁이 자꾸 눈에 거슬렸죠. 그길로 마트에서 저렴한 시트지를 구입해 테두리에 붙였더니 협탁이 몰라보게 예뻐졌습니다. 예쁘게 변신한 협탁 때문에도 기분이 좋았지만, 내 손으로 직접 무언가를 바꾸었던 그 시간이 무척 특별했습니다. 리폼이라는 새로운 세상을 처음 만나게 된 것입니다. 그것은 매일매일 비슷비슷했던 평범한 일상에서의 탈출이자 진정한 나를 찾는 작업이었습니다.

리폼에 빠진 저를 보고 아는 동생이 도움이 될 것 같다면서 리폼 사이트를 알려주었습니다. 그후로는 아이들이 잠든 시간 짬을 내어 컴퓨터를 켜고 다른 집을 엿보는 것이 일상이 되었죠. 그동안 몰랐던 다른 세상을 보는 즐거움과 설렘으로 가득한 시간이었습니다. '셀프 인테리어, 리폼, DIY' 등 직접 집을 꾸미고 필요한 가구와 소품을 만드는 주부들

서툴고 부족하지만
가족이 있어서,
아이들이 있어서 행복합니다

을 보면서 육아에만 전념하던 저에게도 무언가 새로운 일이 벌어질 것 같았습니다. 그것은 분명 일상에서 느낄 수 있는 작고 행복한 선물이었습니다. 그리고는 나의 집을 천천히 둘러보았죠. 너저분하게 늘어놓은 살림살이, 뒤죽박죽 정리가 안 되어 있는 침실, 설거지거리로 가득 찬 주방이 보였습니다. 저도 모르게 행복한 상상의 날개를 펼치기 시작했습니다. 하루하루가 바

쁘고 정신이 없는 지저분한 주방은 차 한잔이 생각나는 소박한 카페로, 잡동사니로 밟히는 거실과 차가운 창고 같은 베란다는 보고만 있어도 기분 좋아지는 예쁜 샵으로, 엄마의 손길이 많이 필요한 아이들 방은 동화책을 펼쳐 놓은 듯 순수하고 사랑스런 공간으로 변한다면 집에서 보내는 시간이 얼마나 달콤할까?

하루도 빠짐없이 상상을 하다 보니 정말로 제 마음속에 그런 예쁜 모습이 그려지게 되었습니다. 그리고 상상을 현실로 바꾸기 위한 노력이 시작되었죠. 버려진 사과 궤짝을 무작정 주워 와서 사포로 거친 부분을 정리하고, 아크릴 물감으로 색칠했습니다. 저에게는 첫 작품이었는데 얼마나 만족스럽던지 리폼한 사과 궤짝을 들고 어울릴만한 공간을 찾아 집안 구석구석을 돌아다녔습니다. 그러다 더 용기를 내서 철물점에서 작은 꼬리톱을 사왔지요. 태어나 처음으로 톱질을 하던 그 순간은 평생 잊지 못할 것입니다. 쓱싹쓱싹 톱질하는 소리가 설레기도 하지만 얼마나 떨렸던지 숨

**거창한 공간이 아닙니다.
내 손으로 만드는 특별한 시간입니다**

을 죽이며 집중했습니다. 잠시 후 필요 없는 조각들이 떨어지자 그제야 긴장이 풀리고 웃을 수 있었지요. 아크릴 물감이 아닌 페인트와 스텐실로 완성된 모습은 리폼 전과는 완전히 달랐습니다. 청소를 하면서도, 설거지를 하면서도 시선은 예쁜 사과 궤짝으로 가게 되었죠. 내 손으로 리폼한 작품을 바라보면서 하루하루 소소한 행복에 물들게 되었습니다.

연년생을 키우기도 버거웠던 그동안의 일상에서 벗어나 작은 취미를 갖게 되자 제 생활도 많은 변화가 생겼습니다. 육아에 전념했던 행복과는 분명 다른 색의 행복이었습니다. 엄마의 웃음소리와 표정이 바뀌고 정성이 담긴 멋스러운 집이 탄생하자 신랑과 아이들도 좋아했죠. 오래된 집 꾸미기는 어느덧 생활이 되고 가족들도 엄마의 취미를 소중하게 생각해 주었습니다. 아이들은 아침에 일어나면 제일 먼저 "우리가 자는 동안 엄마가 무엇을 만들었을까?" 하면서 엄마의 작품을 찾는 재미난 습관

나만의 공간에서 살림하는 재미에 푹 빠졌습니다

들도 생겼습니다. 완성작을 본 후에는 "엄마는 최고 마술사"라며 엄지를 들어줍니다. '특별한 엄마'라며 자랑스러워 하는 아이들을 보고 있노라면 오래된 취미가 감사하고 더 행복해집니다.

그동안 24평 우리집에도 많은 변화가 있었습니다. 벽지-패브릭-시트지-핸디코트-페인트까지 그간 집의 거실, 주방, 방 벽에 시공한 변천사들입니다. 계절마다 변화를 주고 가구와 소품도 손수 만들어 주면서 온 몸에 파스로 도배를 하고 물리 치료를 받아도 절대 놓지 못하는 즐거운 나의 취미가 너무 좋았습니다. 좋아하는 취미 덕분에 지금 살고 있는 집이 오히려 몸살을 앓은 듯해 미안한 마음도 듭니다.

그런데 집을 고치고 꾸미고 만들어 준 가구와 소품들이 다 예쁘게 성공했을까요? 그럴 리가요. 실패도 많고 속상해서 잠을 못 이룬 날도 많았습니다. 지금은 실패를 하면 꼭 메모를 하고 소리 내서 크게 한번 웃습니다. 만만하게 생각했던 도배를 쉬울 줄 알고 시작했다가 벽지가 다 울어서 다시 처음부

남편과 아이들은 말합니다.
추억을 선물해줘 고맙고 감사하다고

터 해야 했던 일, 페인트 컬러 선택이 미흡해서 며칠 두고 보다가 다시 칠해줬던 일, 처음으로 만들었던 의자 다리가 흔들거렸던 일 등등. 지금 생각하면 웃음이 나오는 일들이 많습니다. 그 과정에서 저는 실패를 무서워하기 보다는 웃으며 넘겨야 한다는 걸 배웠습니다. 그리고 기다리는 법도 배웠습니다. 페인트칠은 여러 번 칠해줘야 원하는 컬러가 눈에 들어온다는 기다림의 미덕도 알게 되었습니다. 작은 실패를 해도 다음에는 더 기대되는 일들이 기다리고 있습니다. 그러니 용기를 내어 아주 작은 것부터 도전해 보면 어떨까요? 페인트가 겁이 나면 아크릴 물감으로 칠해 보고 도배가 힘들 것 같으면 핸디코트로 손가는 대로 척척 발라 보세요. 아이들과 함께하면 더 즐거운 시간이 되고 근사한 벽을 보면서 즐거워했던 아이들과의 추억은 선물이 되어 줍니다.

온 가족이 모이는 거실에서 깨알 같은 추억들로 하루하루를 저축한다. 평범한 일상을 꿈꾸지만 거실에서 보내는 시간은 가족들에게 특별함을 주고 싶다. 부부가 함께 마시는 차 한잔의 여유, 건반을 두드리며 진지하게 연주하는 큰아이, 러그에 누워 작은 발가락을 꼬물거리며 책을 보는 작은아이. 가족이 함께 보내는 공간을 직접 만들어 주고 싶었기에 거실은 나에게 소중한 공간이다. 작은 화분을 더 들여서 거실에 싱그러움을 선물할까? 아니면 쿠션을 바꿔 산뜻한 분위기를 낼까? 가구 위치를 바꾸면 어떨까? 가족과 함께 보내는 공간을 예쁘게 꾸미면서 가족들의 반응도 궁금해 미소가 절로 난다. 소소한 작은 변화를 생각하는 즐거움은 그것만으로도 나에겐 행복한 일상이다.

가족의 웃음이 묻어나는 따뜻한 공간, 거실

온 가족이 함께하는
소박한 일상

복닥복닥 분주한 아침은 남편과 아이들이 현관문을 열고 집을 나선 순간부터 나만의 공간으로 바뀐다. 잔잔한 클래식 선율에 따라 콧노래를 부르며 발에 밟히는 너저분한 물건들은 발로 쓱 밀고 한 잔이 나올 만한 커피 물을 가스렌지에 올려 둔다. 귓가에 들리는 클래식은 잠시 끄고, 좋아하는 음악을 선택해 볼륨을 높여 준다. 주전자에서 "삑" 소리가 나면 딸이 만든 머그잔에 모닝 커피 한 잔을 만든 후, 올망졸망 철 바구니에 담겨 있는 미니 포토와 싱그럽게 뻗은 스킨답서스 잎을 어루만져 주면서 속삭인다. "오늘 하루도 잘 부탁해!" 달달한 커피 한 모금이 입 안 가득 고이는 순간 그제서야 너저분한 집 안 풍경이 눈에 들어온다.

나는 봄 햇살이 눈부시게 거실 안으로 들어오는 오전 시간을 유난히 좋아한다. 창을 열어 먼지를 털어 내는 똑같은

일상이 오늘도 행복한 이유는 나의 눈에 늘 같은 풍경으로 비춰지지 않기 때문이다. 가족이 머무르는 거실 창을 매일 비춰주는 햇빛도, 바람도 어제와는 또 다른 느낌을 준다. 작은 포토에 심어진 '칼란디바' 봉오리에는 노랑 꽃잎이 살짝 보이고 스킨도 어제보다 줄기가 더 자랐지 않은가! 검지 손가락으로 조심스레 만져주며 기특하다 칭찬해주는 말도 잊지 않는 오전 시간. 어제와 분명 다른 시간이다. 그리고 오늘도, 내일도 다를 것이다. 작은 화분을 더 들여서 거실에 싱그러움을 선물할까? 아니면 쿠션을 바꿔 산뜻한 분위기를 낼까? 가구 위치를 바꾸면 어떨까? 이런 생각들이 꼬리를 물면 기분도 좋아지고 가족들의 반응도 궁금해 미소가 난다. 소소한 작은 변화를 생각하는 즐거움은 그것만으로도 나에겐 행복한 일상이다.

오늘 아침에도 가족의 온기를 담고 있는 쿠션과 러그를 탁탁 털어 소파 위에 올려 두고 분주하게 정리와 청소를 하던 중 갑자기 나의 입꼬리가 씨익 올라갔다. 어제 저녁에 둥근 테이블에 둘러 앉아 '마니또' 게임을 했다. 안 보이게 여러 번 접은 쪽지를 골라 몰래 펼쳐 보는데 '아빠'라는 글씨가 나왔다. 일주일 동안 티 안 나게 잘 해줘야 한다. '이번 주에 술 약속이 많아도 살짝 눈감아 줘야지'라는 생각을 한다. 그리고 또 웃음이 나오는 이유는 순수한 두 아이 때문이다. 쪽지를 펼치는 순간부터 아이들의 눈빛은 말한다. 도저히 일주일을 못 기다리겠다고, 말하고 싶어 어쩔 줄 모르는 모습이 너무 귀엽고 사랑스럽다. 엄마를 뽑은 건 분명 작은아이일 거다. 엄마를 보고 자꾸 웃으면서 "사랑해요. 감사해요"를 연발한다. "너를 어쩌면 좋아!" 웃음이 나오지만 모르는 척 해야 하는 엄마 또한 연기 대상 후보감이다. 비슷한 일상들이지만 가족이 모이는 거실에서는 깨알 같은 추억들로 하루하루를 저축한다. 평범한 일상을 꿈꾸지만 거실에서 보내는 시간은 가족들에게 특별함을 주고 싶다. 부부가 함께 마시는 차 한잔의 여유, 건반을 두드리며 진지하게 연주하는 큰아이, 러그에 누워 작은 발가락을 꼬물거리며 책을 보는 작은아이. 가족이 함께 보내는 공간을 직접 만들어 주고 싶었기에 거실은 나에게 소중한 공간이다. 가족의 웃음이 묻어나는 따뜻한 거실은 아내로서 엄마로서 작은 꿈이었다. 엄마의 정성으로 하나하나 만들어준 공간에서 가족들은 일상을 채우며 오늘도 소박한 웃음과 행복을 저축한다.

동글동글
거실 테이블 만들기

지루하고 긴 겨울이 노크를 한다. 따뜻한 슬리퍼와 러그로 발과 엉덩이에 따뜻한 온기를 채워주며 겨울을 준비하지만 마음은 이른 봄을 기다린다. 지루한 겨울이 아니라 즐거운 겨울나기를 위해 손끝은 오늘도 부지런을 떨고, 붓을 들어 차가운 철제 다리를 노랑으로 물들인다. 네모 반듯한 이기적인 매력은 없지만 동글동글 테이블이 우리 아이들 웃는 얼굴 같다.

준비물

목재 스프러스 집성목 두께 2.3cm, 길이 60cm, 철제 다리(철자국),
젯소, 옐로우 페인트(던에드워드 DE5382), 스테인 앤티쿠아 피니쉬(T540 라이트 월넛),
스펀지, 목재 보호제 오일, 스펀지 붓, 충전 드라이버(소형 드릴)

  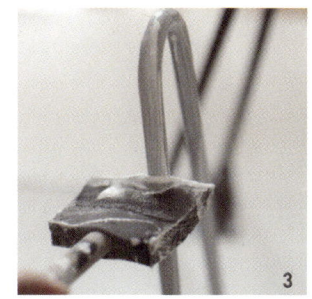

Tip.
오일은 세척이 어려우므로
스펀지나 자투리 천으로 사용 후 버리세요.

1 절단 서비스 받은 원형 목재(60cm)를 준비하고 스펀지에 스테인을 묻혀 발라준다. **2** 수성 스테인이 건조되면 목재 보호제 오일을 부드러운 천이나 스펀지에 묻혀 발라준다. **3** 주문한 철제 다리에 젯소를 2회 칠해준다. **4** 젯소가 건조되면 옐로우 페인트(DE5382)를 3회 칠해준다(페인트 작업이 번거로울 때는 락카 스프레이를 사용해도 좋다). **5** 상판이 될 목재에 철제 다리 위치를 체크한 후 철제 다리는 드릴을 사용해 피스를 고정시켜 준다.

블링블링 벽시계 만들기

평범함 속에서 찾는 소소한 화려함. 튀지는 않아도 눈에는 보이는 미세한 차이. 학교 다닐 때 똑같은 교복, 똑같은 단발머리의 규칙 속에서도 미세하게 나를 돋보이게 하는 친구들이 있었듯이 동그랗고 평범한 시계지만 햇빛이 비칠 때마다 평범함이 없어지고 블링블링한 벽시계가 된다.

준비물

시계 목재 반제(원형), 펄 펠트지(블랙), 양면테이프, 숫자 이니셜,
저소음 무브, 시계 바늘, 블랙 아크릴 물감

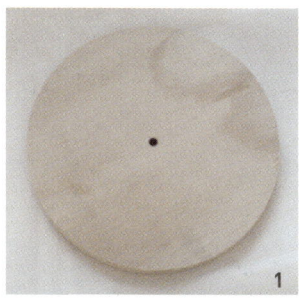  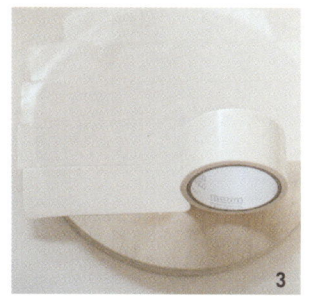

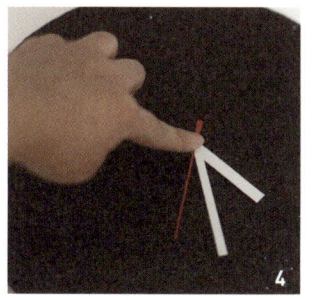 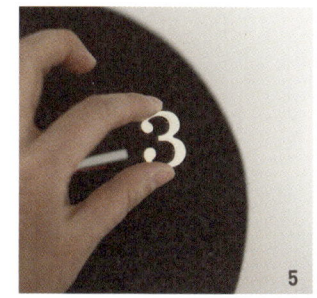 

1 시계 목재 반제(원형)를 준비한다. **2** 블랙 펄 펠트지를 시계 반제 사이즈에 맞게 오려준다. **3** 시계 목재 반제 위에 양면테이프를 붙여주고 테이프를 떼어낸 후 펄 펠트지를 붙여준다. **4** 시계 목재 반제 뒷부분에 저소음 무브를 먼저 고정시켜 주고 앞부분에 시계 바늘을 시, 분, 초 순서로 끼워준다(시계 바늘이 블랙이라 화이트 시트지로 미리 붙여줌). **5** 숫자 이니셜을 붙여준다. **6** 우드 테두리는 펄 펠트지 컬러와 같은 블랙 아크릴 물감을 칠해준다.

Tip.

원단이 블랙이라 블랙 시계 바늘은 화이트 시트지를 붙여준다. 펄 펠트지에 맞게 숫자 이니셜은 눈에 띄는 제품으로 선택한다.

롱 수납 선반 만들기

텔레비전이 있는 거실 공간에 가족들이 자주 보는 책과 미니 소품을 데코할 수 있는 롱수납 선반을 만들어주고 싶어 뚝딱뚝딱 시작한다. 남편이 올 때까지 기다리지 못하고 혼자 끙끙거리면서 벽에 달고 있는 나를 보면 가끔 소머즈가 된 기분이 든다.

준비물

스프러스 집성목(두께 1.8cm, 폭 20cm×길이 112cm 4개, 폭 20cm×길이 20cm 4개), 피스 커버 스티커, 화이트 페인트(던에드워드 DEW340), 선반대 & 꺽쇠, 충전 드릴

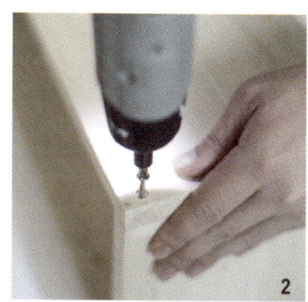
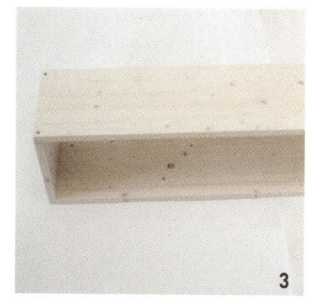

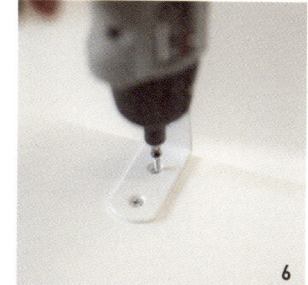

1 거실 벽면 사이즈에 맞게 스프러스 집성목을 절단 주문한다. **2.** 준비한 집성목을 직사각 틀을 만들어 이중기리 드릴을 이용해 피스 구멍을 만들어주고 피스로 고정시켜 준다. **3** 한 개가 완성되면 똑같은 방법으로 한 개를 더 만들어준다. **4** 스펀지 붓을 이용해 화이트 페인트 작업을 해준다. **5** 페인트가 건조되면 피스 구멍에 피스 커버 스티커를 붙여준다. **6** 선반대(꺽쇠)를 만들어 둔 선반에 고정시켜주고 벽에 단단히 고정시켜 준다.

Tip.

피스 구멍에 목다보 또는 메꿈이가 번거로울 때 피스 커버 스티커를 활용한다.

우유팩으로 만든
미니 수납장

오랜 시간 함께한 취미는 붙잡고 싶은 친구가 되었다. 연년생을 키우면서 놀이터 나가기도 힘들었던 그때, 아이들이 잠잘 때 처음 시도해 본 시트지로 작은 협탁을 바꿔 본 일. 별 것 아닌 작업임에도 너무 흥분이 되었던 것은 매일 똑같았던 하루가 분명 그 날은 달랐기 때문이다. 특히 주위에서 쉽게 접할 수 있는 재료들은 늘 반갑고 즐거움을 준다. 남들은 궁상이라 할 지도 모르지만 적어도 나에게는 행복한 궁상이다.

준 비 물

우유팩 12개, 미송 집성목(두께 1.5cm, 옆판 폭 8cm×길이 39cm 2개, 위, 아래,가운데 판 폭 8cm×길이 29cm 4개, 뒤 합판 두께 0.48cm, 가로 32cm×세로 39cm 1개), 원단(원단나라), 딱풀, 미니 손잡이 3개, 페인트(던에드워드 화이트 DEW340), 우드락, 고무발 4개, 목공 본드, 양면테이프, 타카 or 머리 없는 나무못

  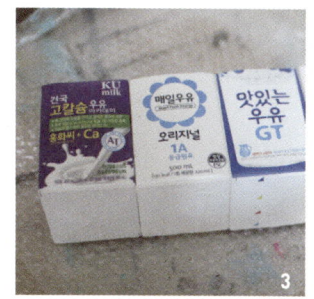

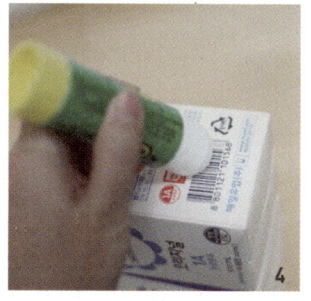 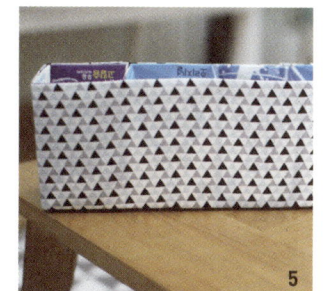 

1 12개 우유팩을 깨끗이 헹궈 건조한 후 목재는 우유팩 사이즈에 맞게 절단해 놓는다. **2** 목재는 목공 본드를 바르고 전기 타카 또는 머리 없는 나무못을 박아준다. **3** 우유팩 옆면으로 양면테이프를 이용해 3개를 붙여준다. **4** 네 개의 우유팩이 모여 한 개의 서랍이 된 우유팩에 딱풀을 꼼꼼히 발라준다. **5** 준비한 원단을 잡아당기면서 꼼꼼히 붙여주고 미니 손잡이를 고정시켜 준다(우드락을 우유팩 안쪽에 붙여주고 손잡이 작업을 해준다). **6** 테이블 위에 올려 두고 싶으면 미니 고무발을 아랫 부분 네 곳에 박아준다.

Tip.
우유팩에 원단을 붙이고 다리미 작업을 해주면 우유팩이 단단해져 오래 사용할 수 있다.

사은품으로 받은
사이드 테이블 심플하게 리폼

사은품으로 받은 사이드 테이블을 그동안 방치해 뒀는데 과감히 리폼해서 소파 옆에 두고 사용하니 "너 참 예쁘다"라는 말이 저절로 나온다. 때로는 새 제품이 아까워 리폼도 못하고 사용도 못하곤 하는데 이럴 땐 용기가 필요한 듯하다. 나의 용기가 두고두고 예쁘게 사용할 테이블로 변했다.

준비물
블랙 페인트(던에드워드 블랙 DEA187),
스펀지, 마감재 오일

1 사은품으로 받은 사이드 테이블을 상판과 다리를 분리시켜 준다. 2 분리된 미니 상판은 페인트가 잘 흡수할 수 있도록 사포로 정리를 해준다. 3 스펀지에 블랙 페인트를 묻혀 같은 방향으로 칠해준다. 4 페인트 작업한 상판이 건조되면 마감제 오일을 스펀지나 마른 천에 묻혀 발라준다. 5 건조된 상판과 분리된 다리를 다시 조립한다.

블링블링 벽시계 만들기 허전한 벽면 인테리어 소품으로는 시계가 가장 좋아요. 가구와 어울리는 디자인, 컬러 선택으로 충분이 멋스러운 공간을 만들 수 있어요.

동글동글 거실 테이블 만들기 거실을 넓게 사용하고 싶을 때는 바퀴를 이용해 테이블을 만들어서 소파 아래 한쪽 공간에 밀어 두고 사용하셔도 좋아요.

롱 수납 선반 만들기 텔레비전이 있는 벽면은 심플하고 안정감 있는 소가구나 소품을 사용하면 좋습니다. 화려하고 짙은 컬러의 소품은 피해주세요.

오랜 시간 함께한 취미는 붙잡고 싶은 친구가 되었다. 평범함 속에서 찾는 소소한 화려함. 튀지는 않아도 눈에는 보이는 미세한 차이가 나를 즐겁게 한다. 아이들이 잠잘 때 처음 시도해 본 시트지로 작은 협탁을 바꿔 본 일은 내게 새로운 세상을 안겨 주었다. 매일 똑같았던 하루가 분명 그 날은 달랐기 때문이다. 남들은 궁상이라 할 지도 모르지만 적어도 나에게는 행복한 궁상이다.

우유팩으로 만든 미니 수납장 재활용 재료로 만들어준 소품은 자칫 지저분해 보일 수 있으므로 함께 데코할 수 있는 비슷한 컬러의 소품을 선택하세요.

사은품으로 받은 사이드 테이블 심플하게 리폼 소파 옆 공간은 가구 대신 스텐드를 배치해도 멋스러워요. 가구를 선택할 때는 심플한 소가구를 선택해주세요.

홍삼 박스로 만든
딸아이 머리핀 수납함

꼬리 빗으로 가르마를 타고 양 갈래 머리를 따준다. "엄마! 엄마는 맨날 요 머리만 해주고!" 딸아이의 투정 섞인 말투에 "엄마가 그랬나?" 생각해 보니 정말 그랬다. 하지만 양 갈래로 머리를 따주는 게 너무 좋은 걸. 그리고 웃음이 났다. 어릴 적 친정엄마가 "오늘은 머리를 어떻게 해줄까?" 물으면 어린 나는 항상 "양 갈래 머리 따줘"라고 말하곤 했었는데. 어릴 때 좋아했던 걸 딸에게 해주고 있는 나. 홍삼 박스 안에는 딸아이 머리 끈과 핀이 가득 들어 있다.

준비물

홍삼 박스 4개, 민트, 노랑 아크릴 물감, 플라워 원단(원단나라), 경첩,
신주 걸고리 or 가방 걸고리, 가죽끈, 글루건, 아미 손잡이

1 홍삼 박스 뚜껑은 빼고 두 개의 홍삼 박스에 딱풀을 꼼꼼히 발라 플라워 원단을 붙여준다. **2** 남은 두 개의 홍삼 박스에는 민트, 노랑 아크릴 물감을 칠해준다. **3** 패브릭 작업한 홍삼 박스와 페인트 작업한 홍삼 박스를 포개어 경첩을 달아준다. **4** 가죽끈을 한 개의 홍삼 박스 테두리에 글루건을 이용해 붙여준다. **5** 홍삼 박스 앞에 신주 걸고리 또는 가방 걸고리를 고정시켜 준다. **6** 아미 손잡이를 홍삼 박스 뚜껑에 고정시켜 주고 머리 끈, 핀을 수납한다.

주워 온 낡은 책상 개성 있는 테이블로 리폼

너에게 받은 편지는 아직 내 서랍 안에 수북이 쌓여 있어. 가끔 네 편지를 읽을 때면 수많은 고민과 생각을 했었던 고교 시절이 떠오르네. 힘든 자취 생활 때문에 늘 엄마를 그리워하던 정 많고 눈물 많던 희정아! 잘 지내고 있지? 교복 입은 단발머리 18살 여고생들을 이제는 앨범 안에서나 만나 보는구나. 버려진 낡은 책상을 보니 쉬는 시간에 너에게 편지 쓰던 때가 생각나네. 보고 싶다.

준비물

미송 합판 (두께 0.48cm, 가로 60cm×세로 40cm), 목공 본드,
북유럽 타일(안나타) 두께 0.9cm, 가로 9.5cm×세로 9.5cm 24장, 타일 접착제, 뿔 헤라, 줄눈제 가루,
블랙 페인트(던에드워드 DEA187), 스펀지 붓, 사포, 전기 타카

 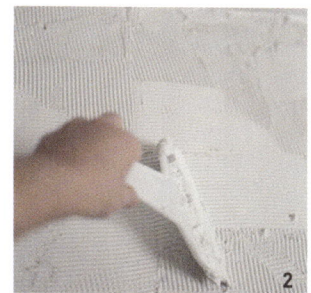 

  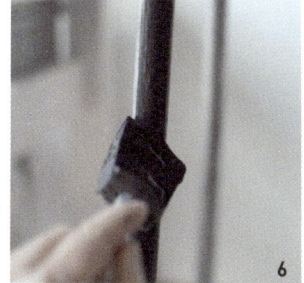

1 상판 위에 목공 본드를 바르고 준비한 사이즈에 맞는 미송 합판을 붙여 타카로 박아준다. **2** 미송 합판 위에 뿔헤라를 이용해 타일 접착제를 골고루 펴 바른다. **3** 미리 배치해 둔 순서대로 타일을 꾹꾹 눌러준다. **4** 줄눈제 가루는 비닐봉지에 넣어 물과 블랙 페인트를 섞어 반죽하고 타일과 타일 사이를 채워준다. **5** 약 5분~10분이 흐르면 젖은 천을 이용해 줄눈제가 묻은 타일 위를 닦아준다. **6** 녹슨 다리는 사포로 다듬어주고 스펀지 붓에 블랙 페인트를 묻혀 2회 칠해준다.

Tip.
줄눈제 작업을 할 때 원하는 컬러의 페인트를 함께 섞어 작업할 경우 멋스러움이 있다.

보기 싫은 문 패브릭으로
간단하게 가려주기

베란다로 나가는 문이 차가워 보인다. 미싱기도 없다. 그래도 패브릭으로 가려주고 싶은 마음이 든다. 꼼지락꼼지락 삐뚤삐뚤 바느질을 한다. 삐뚤어도 좋다. 내가 사는 집이니까!

준비물
압축 봉,
스트라이프 원단 2매(원단나라)

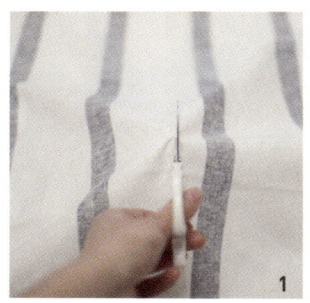 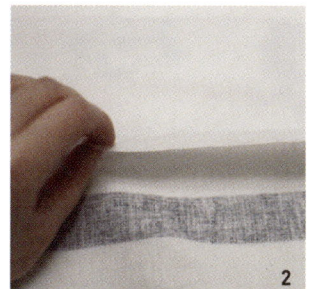 

 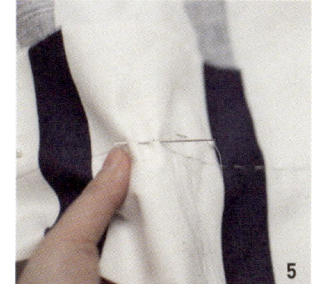 

Tip.
압축 봉은 기둥 없이 벽과 벽 사이에 설치하는 형태로 특별한 공구나 장비 없이 간편하게 설치할 수 있다. 자투리 공간을 활용하기 때문에 공간 활용에 좋다. 옷장 안이나 드레스룸에 설치해 의류 수납을 할 수 있으며, 샤워 커튼 봉으로 설치해 사용할 수도 있다.

1 문 사이즈를 체크한 후 원단을 2cm 정도 여분을 두고 넉넉히 재단한다. **2** 재단한 부분은 2cm 정도 체크한 후 안으로 접어 둔다. **3** 다리미로 접어 둔 부분을 눌러 다려준다(바느질을 별도로 하지 않아도 된다). **4** 압축 봉이 들어갈 공간을 체크한다. **5** 압축 봉이 넉넉히 들어갈 수 있도록 홈질을 해준다. **6** 압축 봉을 넣어 방문 틀에 꽉 끼워준다.

파이프로 조명 거치대 만들기

나의 가족이 머무르는 공간은 스토리가 있고 웃음이 있는, 마치 작은 카페를 옮겨 놓은 듯한 느낌이고 싶은 작은 로망이 있다. 파이프로 조명 거치대를 만들어 보면 어떨까? 거칠고 차가운 파이프의 느낌이 궁금했다. 그런데 만들고 보니 전혀 차갑지 않고 내 눈엔 그저 아늑해 보인다.

준비물

흑관 파이프(1200L) 1개, 흑관 파이프(200L) 2개,
흑나사엘보(90도) 2개, 빈티지 파이프 플렌지 2개

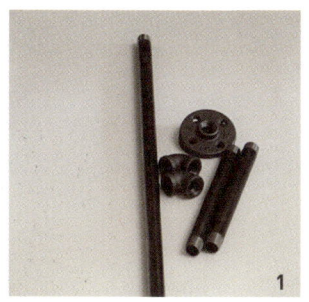
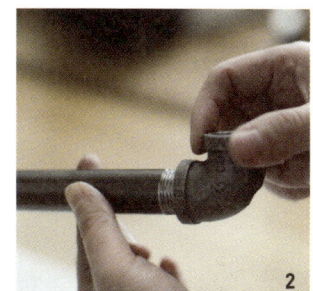
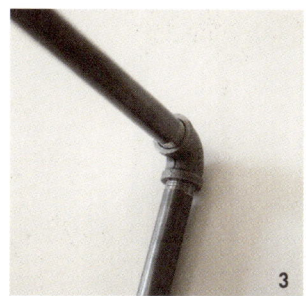

1 준비한 재료를 나열해 놓는다. **2** 흑관 파이프(1200L) 양쪽에 흑나사엘보(90도)를 돌려 끼워준다. **3** 흑나사엘보에 흑관 파이프(200L)를 각각 돌려 끼워준다. **4** 양쪽에 빈티지 파이프 플렌지를 끼워 천장에 피스로 고정시켜 준다.

거실 벽면 핸디코트와 페인트 작업

아파트가 11년이나 되다 보니 집도 몸살을 앓고 있다. 방문 시트지도 벗겨지고 벽지도 누렇게 변하고 확장 공사한 거실 바닥은 틈이 벌어지고, 텔레비전 뒷벽은 합판이 들뜨기 시작했다. 합판을 뜯어내면 큰 공사가 될 듯싶어 선뜻 용기가 나지 않았다. 나는 전문가가 아니기에 핸디코트 작업 후 화이트 페인트로 작업한 후 위안을 삼아 본다.

준비물

라이트 핸디코트, 헤라, 마스킹 테이프, 커버 테이프,
화이트 페인트(던에드워드 화이트 DEW340), 앵글 붓, 롤러 붓

  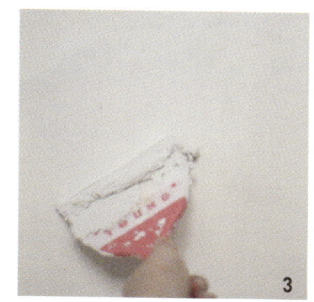

  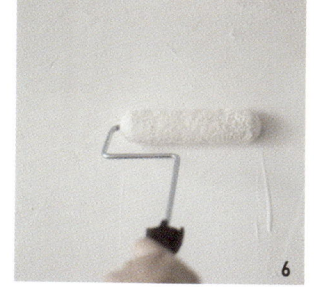

1 작업하기 전에 들뜬 벽지는 떼어 내고 우드락으로 작업한 파벽돌을 떼어 낸다. **2** 핸디코트와 페인트가 묻으면 안 되는 곳에는 마스킹 테이프로 먼저 감싸준다. **3** 헤라에 핸디코트를 묻혀 거실 전체 벽을 앎게 펴 바른다. **4** 하루 정도 건조되는 동안 페인트 작업 준비를 한다. **5** 핸디코트가 건조되면 롤러 붓이 안 닿는 좁은 부분은 앵글 붓으로 먼저 페인트를 칠해준다. **6** 넓은 벽면은 롤러 붓으로 작업하는 것이 시간이 단축되고 붓자국이 남지 않는다.

Tip.

실내 벽에 시공할 수 있는 천장,
벽, 벽지용 페인트는 온라인 쇼핑몰에서
쉽게 구입할 수 있다.

나의 가족이 머무르는 공간은 스토리가 있고 웃음이 있는, 마치 작은 카페를 옮겨 놓은 듯한 느낌이고 싶은 작은 로망이 있다. 그래서인지 차가운 느낌의 재료를 사용해도 내 눈엔 그저 아늑해 보인다.
포근한 거실에 앉아 딸아이의 머리를 양 갈래로 따주면 친정엄마가 생각난다. 어릴 적 나의 모습과 여고생 시절도 떠오른다. 추억이 새록새록 피어나면서 그 시절이 참 보고싶다.

보기 싫은 문 패브릭으로 간단하게 가려주기 깔끔한 스타일의 패브릭에 생동감 있는 러그로 포인트를 주고 화분과 함께 데코하세요.

파이프로 조명 거치대 만들기 조명 거치대 만으로도 멋스럽지만 밋밋한 화이트 벽면에 빅사이즈 액자를 걸어 안정된 공간, 세련된 공간을 만들 수 있어요.

거실 벽면 핸디코트와 페인트 작업 가족이 많은 시간을 보내는 거실은 눈이 편안한 심플한 화이트, 블랙의 소가구, 내추럴한 컬러의 가구도 좋아요.

주워 온 낡은 책상 개성 있는 테이블로 리폼 전체적인 컬러는 블랙이고 상판은 화려한 타일로 리폼해 화이트 장스탠드 및 큰 바구니와 함께 데코하세요.

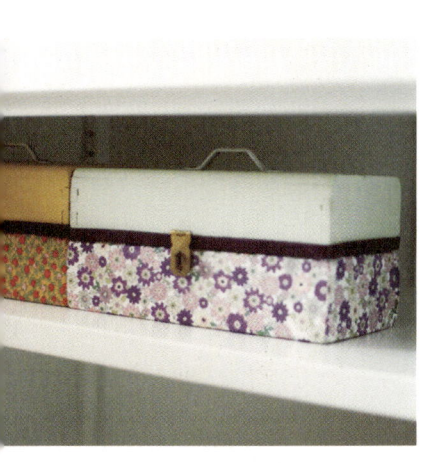

홍삼 박스로 만든 딸아이 머리핀 수납함 소품으로도 손색이 없어 테이블 위에 올려 두고 명함 및 리모컨 수납으로 활용해요. 필기도구와 함께 두세요.

지저분한 전기선 정리해주는 바구니 리폼

너저분하게 거실 바닥에 뒹굴어 다니는 전기선은 언제 보아도 정신이 없다. 정리를 해야 하나 아니면 감춰야 하나 고민이 된다. 문득 사용하지 않는 바구니에 구멍 난 니트를 입혀주고 싶은 생각이 들었다. 리폼을 좋아하는 사람이라면 마구마구 행복해지는 시간. 바구니야! 따뜻하겠구나.

준비물

사용하지 않는 니트, 손잡이 바구니,
블랙 털실, 글루건

1 구멍이 난 오래된 니트나 안 입는 니트를 준비한다. 2 가지고 있는 바구니에 니트 조끼를 씌운다. 3 바구니 사이즈에 맞게 니트 조끼를 잘라준다. 4 잘라준 부분은 털실이 풀리지 않도록 바느질을 한다. 5 손잡이 부분은 같은 느낌을 주는 블랙 털실로 돌돌 말아준다. 6 손잡이에 말아준 털실은 글루건으로 마무리한다.

오래된 화분 리폼

아이들과의 추억은 늘 정리하고 보고 싶을 때 꺼내보곤 한다. 큰아이가 처음 그렸던 엄마와 아빠 얼굴, 구름, 나무, 해, 꽃, 산 등등. 새로운 그림을 그릴 때마다 모아둔 것이 셀 수도 없을 정도다. 작은 토분에다 그림을 그리고 씨앗을 심고 매일 들여다 보던 모습이 어찌나 사랑스러웠던지! 작은 싹이 땅속에서 나올 때면 이름도 만들어 불러주던 예쁜 둥이. 곰팡이가 번져 아이들의 찬밥이 된 토분을 오래 두고 싶어 엄마는 오늘도 마술을 부린다.

준비물

오래된 화분, 미니 자기질 타일, 타일 접착제, 줄눈제,
젯소, 블루, 화이트 페인트, 평붓, 바니시

1 평붓에 젯소를 묻혀 오래된 화분을 2회 칠해준다 **2** 화분 윗부분은 나무젓가락을 이용해 타일 접착제를 얇게 펴 바른다. **3** 미니 자기질 타일은 화분 윗부분에 꾹꾹 눌러 붙여준다. **4** 화분 아래는 블루, 화이트 페인트를 칠해준다. **5** 줄눈제 가루는 비닐봉지에 넣고 물을 섞어 반죽한 후 미니 자기질 타일 사이사이를 꼼꼼히 채우고 5~10분 후 젖은 천으로 닦아 내고 바니시를 칠해준다.

풍퐁이로 만들어 본 티코스터

봄, 여름, 가을, 겨울 지루함 없이 계절의 아름다움을 선물해주는 공간이 좋다. 똑!똑! 난간을 부딪히며 봄을 알리는 예뻤던 봄비, 여름에는 손바닥만한 초록 나뭇잎이 예쁘고, 가을에는 큰나무 아래로 산책하러 나온 어린아이들의 모습이 예쁘고, 겨울에는 하얗게 내리는 함박눈이 예쁘다. 예쁜 사계절을 담을 수 있는 공간, 직접 만든 소품으로 작은 변화를 주는 눈이 즐거운 나의 쉼터다.

준비물

다양한 색상의 퐁퐁이(2cm), 글루건

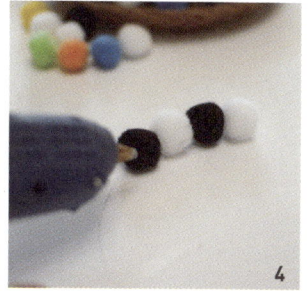

1 다양한 색상의 퐁퐁이와 글루건을 준비한다. **2** 사각형 티코스터를 만들 때는 퐁퐁이에 글루건을 조금씩 묻혀 한 줄씩 붙인다. **3** 다양한 색상의 퐁퐁이로 만들 때는 컬러 배치를 주의해서 붙여준다. **4** 원형 티코스터를 만들 때는 종이에 원을 그려 퐁퐁이에 글루건을 묻혀 붙여준다. **5** 밖에서 안으로 한 개씩 붙여준다. **6** 굳은 글루건을 정리해준 완성 모습이다.

Tip.

원형 모양 티코스터를 만들 때는 종이에 원형을 그려 퐁퐁이를 밖에서 안으로 붙이면 좋다.

아쿠아 유리로 만든 인터폰 박스

겨울의 문턱에 닿았을 때쯤 큰아이를 안고 이 집으로 이사를 왔다. 무덤덤했던 나와는 달리 남편은 거실에 누워 팔과 다리를 휘저으며 말했다. "지하 월세방에서 지낼 때가 생각나네! 비 내리는 날이 너무 싫었는데 주방에 물이 차서 회사 출근도 못 하고 물 퍼 나르고." 그때를 회상하던 남편은 새우깡 한 봉지와 소주 한 병을 들고 큰 목소리 "파티하자!"라고 하며 둘만의 조촐한 집들이를 했다. 좋아하는 아쿠아 유리를 사용해 만들어준 인터폰 하우스야! 너는 집들이 언제 할래?

준비물

스프러스 집성목(두께 1.8cm, 위, 밑판 폭 10cm×길이 34cm 2개, 옆판 폭 10cm×길이 37cm 2개), 홈파기 패널(문짝) 두께 1.8cm, 폭 4cm×길이 37cm 2개, 길이 29.5cm 2개, 갈매기 타카, 아쿠아 유리(가로 31.4cm×세로 23.9cm), 경첩, 목공 본드, 크리스탈 손잡이, 던에드워드 페인트 화이트 DEW340, 전기 타카 or 머리 없는 나무못

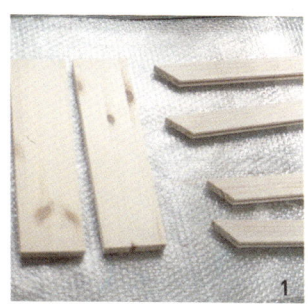 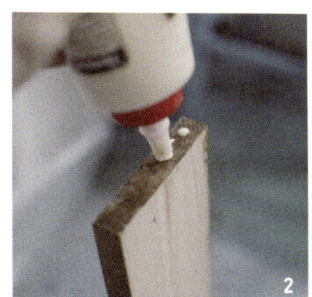 

  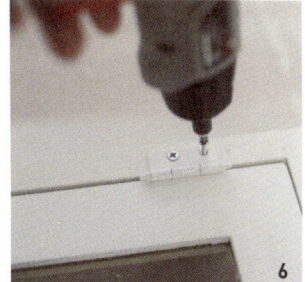

1 두께 1.8cm 스프러스 집성목을 주문해 인터폰 사이즈에 맞게 절단한다. **2** 절단한 목재에 목공 본드를 바르고 전기 타카 또는 머리 없는 나무못을 박아 틀을 만들어준다. **3** 만들어준 틀은 유리문을 만들기 전 화이트 페인트로 칠해준다. **4** 홈파기 패널로 주문한 문짝은 갈매기 타카로 연결한다. **5** 문짝에 맞게 주문한 아쿠아 유리를 문짝에 끼워준다. **6** 문짝도 화이트 페인트로 칠해주고 미니 경첩과 크리스탈 손잡이는 드릴로 피스를 고정시켜 준다.

Tip.

문짝 패널 액자형 작업 시 갈매기 타카로 작업해주면 고정이 완벽해진다. 문짝 패널에 유리 작업을 할 경우 정확한 사이즈가 중요하다.

옷걸이로 잡지랙 만들기

결혼기념일, 아이들 생일, 남편 생일, 부모님, 형제 생일 등등. 축하해주는 일들만 있으면 얼마나 좋을까? 기쁨, 슬픔, 행복, 축하, 추억들로 웃고 울고, 때로는 평범한 일상들로 한 달이 채워지겠지. 올해는 슬프고 가슴 아픈 일보다 달력 한 장을 넘길 때마다 평범하고 소박한 일상들로 가득 채워지기를 바란다. 멋진 달력을 옷걸이에 걸어주고 싶어 간단하게 리폼하니 근사하다.

준 비 물

옷걸이, 블랙 락카 스프레이,
꼭꼬핀, 펜치

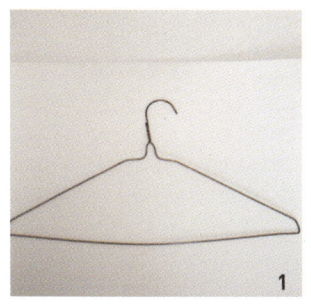
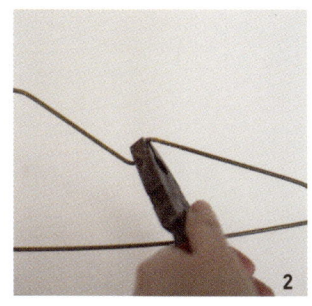
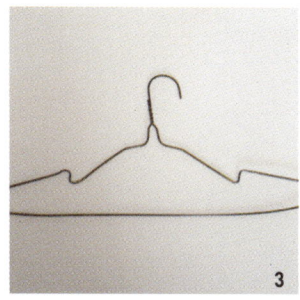
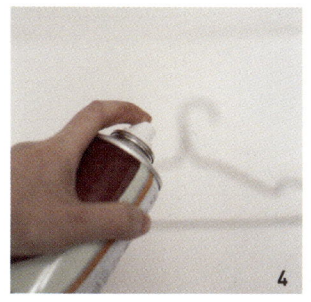
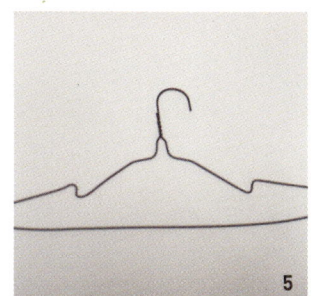
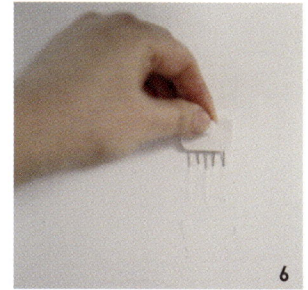

1 철제 옷걸이를 준비한다. **2** 옷걸이 위쪽을 끝에서 6cm 정도에서 펜치로 구부려준다. **3** 양쪽을 똑같이 구부려준 모습이다. **4** 밖으로 나가 블랙 락카 스프레이(무광)를 충분히 흔들어 30cm 이상 떨어진 곳에서 골고루 뿌려준다. **5** 옷걸이가 건조된 후 잘 뿌려지지 않은 부분을 골고루 다시 뿌려준다. **6** 옷걸이를 걸어 둘 위치를 연필로 체크한 후 꼭꼬핀을 벽지에 꽂고 옷걸이에 잡지나 달력을 걸어준다.

Tip.

락카 스프레이는 실내에서 절대 사용하면 안 된다. 꼭 실외에서 충분히 흔들어 작업한다.

옷걸이로 잡지랙 만들기 옷걸이로 만들어준 소품이 가볍게 느껴 질 수 있기 때문에 묵직한 테이블을 함께 데코하면 좋아요.

지저분한 전기선 정리해주는 바구니 리폼 바구니는 여러모로 쓸모가 많은 소품이라 다양하게 사용할 수 있어요. 예쁜 소품뿐 아니라 가리고 싶은 공간을 예쁘게 가려 주니 좋아요.

퐁퐁이로 만들어 본 티코스터 다양한 컬러를 가진 퐁퐁이는 색의 배치만으로도 다양한 분위기를 담을 수 있는 소품이죠. 주방 벽에 걸고리를 만들어 화병, 머그잔과 함께 데코하세요.

봄, 여름, 가을, 겨울 지루함 없이 계절의 아름다움을 선물해주는 공간이 좋다. 똑!똑! 난간을 부딪히며 봄을 알리는 예뻤던 봄비, 여름에는 손바닥만한 초록 나뭇잎이 예쁘고, 가을에는 큰나무 아래로 산책하러 나온 어린아이들의 모습이 예쁘고, 겨울에는 하얗게 내리는 함박눈이 예쁘다. 거실은 예쁜 사계절을 담을 수 있는 공간이며 직접 만든 소품으로 작은 변화를 주는 눈이 즐거운 나의 쉼터다. 그렇게 가족과의 소중한 추억이 물들어 간다.

아쿠아 유리로 만든 인터폰 박스 답답함이 싫어 유리로 만들어준 인터폰 박스. 아래쪽으로 미니 테이블 또는 수납을 할 수 있는 소가구를 배치하면 좋아요.

오래된 화분 리폼 미니 화분은 어느 공간이든 사랑받는 소품이에요. 창가에 데코하면 햇빛에 타일도 반짝이고 싱그러워서 그 어떤 소품보다 훌륭해요.

두 가지 분위기의 거실

딸아이는 오늘도 피아노 연주를 한다. 양 손가락으로 건반 누르는 모습은 피아노를 전혀 모르는 나조차도 항상 눈을 떼지 못하게 하는 풍경이다. 매일 작은 음악회가 열리고 딸아이는 하루하루 성장한다. 예쁜 딸을 위해 거실 공간을 분리된 느낌을 주고 싶었다. 피아노 치는 공간을 오직 너를 위한 공간으로 만들어준 걸 기억하렴.

준비물

그레이 컬러 페인트, 마스킹 테이프,
커버 테이프, 롤러 붓

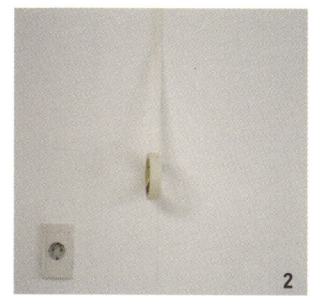

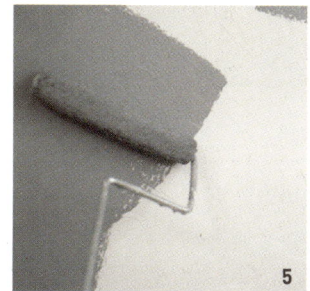

1 작업하기 전의 모습을 담았다. **2** 피아노 위치를 체크하고 마스킹 테이프로 페인트 작업할 공간을 표시한다. **3** 마스킹 테이프로 위에서 아래로 표시해 붙인다. **4** 그레이 페인트가 없어 블랙과 화이트 페인트를 조색한다. **5** 롤러 붓을 이용해 마스킹 테이프 붙인 부분까지만 칠해주고 페인트가 완전히 마르면 마스킹 테이프를 조심스레 떼어준다.

주워 온 유아 의자
인테리어 소품으로 변신

눈이 내리는 날, 하얀 눈 속에 파란색이 살짝살짝 보여 눈을 털어 내니 버려진 작은 의자가 있었다. 유아 의자를 보는 순간 미소가 절로 피어났다. 지금은 그 자그마한 의자에 앉을 수 없을 정도로 커 버렸지만 토실토실한 엉덩이로 의자에 걸터앉아 책을 보던 아이들 모습이 문득 그리워진다.

준비물

블랙 락카 스프레이, 블랙 원단 또는 안 입는 의류,
예쁜 쇼핑백, 글루건

 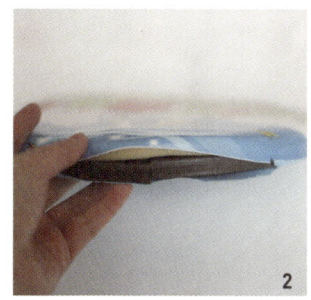 

1 밖에 나가 종이를 펴고 유아용 의자에 블랙 락카 스프레이를 충분히 흔든 후에 뿌려준다. **2** 귀여운 유아용 의자가 버려져서 앉는 부분이 망가진 모습이다. **3** 앉는 부분을 글루건을 이용해 자투리 블랙 원단으로 감싸준다. **4** 모아 둔 쇼핑백을 준비한다. **5** 쇼핑백 위에 앉는 부분을 그려 오려준다. **6** 딱풀과 글루건으로 원단 위에 오려 놓은 쇼핑백을 붙여준다.

카페 같은 조명

가끔은 나도 사치를 부린다. 분위기 좋은 카페에서 좋아하는 사람과 마시는 차 한잔이 고작이지만 요즘은 집에서 마시는 차 한잔도 그런 느낌이 난다. 비록 손에는 달달한 믹스 커피가 들려져 있지만 분위기 있는 조명 아래에서 음악도 들으면서 소소한 일상을 즐기는 여유로운 사치다.

준비물
전선(블랙), 콘센트 플러그, 전기 테이프,
전구 소켓 3개, 에디슨 전구 3개

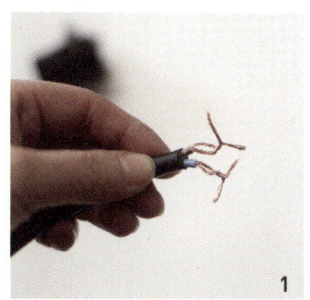

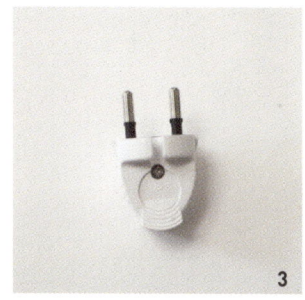
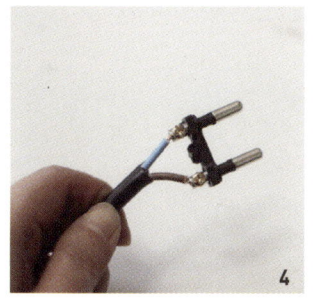
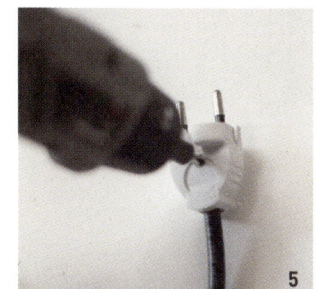

1 전선을 칼로 2cm 정도 잘라 안에 두 개의 선이 나오면 각각 피복을 벗겨 내고 구리선을 동그랗게 말아준다. **2** 소켓 뚜껑을 드라이버로 분리한 후 전선을 안으로 넣어 소켓에 두 개의 구리선을 따로따로 연결한다. **3** 준비된 콘센트 플러그 드라이버로 피스를 풀어 분리한다. **4** 소켓에 연결해 준 것처럼 같은 방법으로 전선을 콘센트 플러그에 따로따로 연결한다. **5** 분리된 콘센트 플러그 위, 아래를 잘 맞춰 피스를 고정시켜 준다. **6** 먼저 만들어 준 파이트 거치대에 원하는 스타일로 전선을 감아주고 에디슨 전구를 끼운다.

Tip.

3개의 전선 줄이 지저분해 보일 수 있으므로 마스킹 테이프로 깔끔하게 감아준다.

공병으로 만든 크리스마스 조명

어릴 적 읽었던 동화책은 어른이 되어도 잊혀지지 않는다. 크리스마스가 다가오면 항상 로망처럼 다가오는 풍경들. 큰 벽난로에 따뜻한 온기, 커다란 바구니 안에는 알록달록 실타래, 그 옆엔 주렁주렁 걸려 있는 화려한 트리와 소품들. 언제부터인지 큰 트리가 거추장스러워진다. 나이가 든 걸까? 대신 공병에 작은 크리스마스 로망을 담아 보고 싶다.

준비물

공병, 조형 나무, 충전 드릴, 목공 본드, 화이트 파우더,
솔방울, 아크릴 물감, 글루건

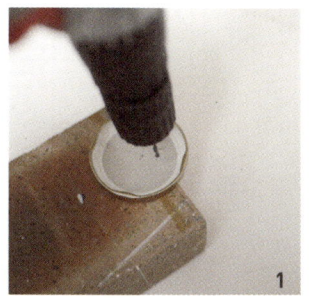  

1 준비된 공병 뚜껑 안쪽에 드릴을 이용해 구멍을 내준다. 2 조형 나무 아래에 글루건을 묻혀 뚜껑 구멍에 끼워준다. 3 조형 나무에 목공 본드를 바르고 화이트 파우더를 솔솔 뿌려준다. 4 주워 온 솔방울을 글루건으로 붙여주고 화이트 물감으로 터치한다. 5 뚜껑 아래에도 파우더를 뿌려 눈이 내린 표현을 해준다. 6 유리병을 뚜껑에 맞춰 돌려준다.

생동감을 담은 코너 벽

남편과 아이들이 분주하게 밖으로 나가는 아침에는 가족의 온기도 함께 사라져 버린다. 혼자 남아 거실로 눈을 돌리면 마주하는 싱그러운 식물과 생동감 있는 컬러가 가족의 온기를 채워주기에 충분하다.

준비물

옐로우(던에드워드 DE5382), 블랙(던에드워드 DEA187), 벽 전용 페인트,
롤러 붓, 마스킹 테이프, 숫자 우드 이니셜, 스펀지 붓, 커버 테이프

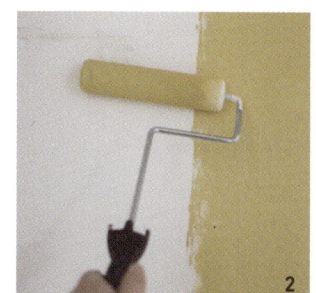
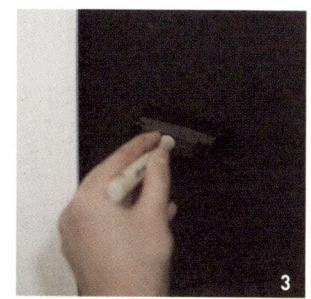

1 코너 벽에 있었던 벽난로, 소품, 액자를 빼준다. **2** 마스킹 테이프로 위 아래를 분리해 상단에는 노랑 페인트를 2회 칠해준다. **3** 마스킹 테이프 하단에는 블랙 페인트를 2회 칠해준다. **4** 페인트가 완전히 건조되면 마스킹 테이프를 조심스레 떼어 낸다. **5** 소품을 배치하기 전 모습이다. **6** 빅 사이즈 숫자 이니셜을 준비해 화이트 페인트를 칠해준 후 글루건을 묻혀 벽에 붙여준다.

Tip.

벽면 페인트 작업 시 무광을 추천한다. 혹시 아이들 방, 주방 등 걸레질이 필요한 공간은 벨벳을 추천하지만 진한 컬러의 경우 벨벳도 반사 때문에 예쁘지 않으므로 진한 컬러는 무광이 좋다.

주워 온 유아 의자 인테리어 소품으로 변신 사용 할 수 있는 의자가 아니기 때문에 화분을 올려 두고 블랙과 잘 어울리는 화이트, 옐로우 소품을 함께 데코해 보세요.

생동감을 담은 코너 벽 코너 벽은 빛이 없어 화분 배치는 피하고요. 벽은 액자, 선반, 좋은 글귀의 '영문 그래픽 스티커'를 추천해요. 가구는 사람이 이동할 때 불편하지 않은 가구가 좋아요.

가끔은 나도 사치를 부린다. 분위기 좋은 카페에서 좋아하는 사람과 마시는 차 한잔이 고작이지만 요즘은 집에서 마시는 차 한잔도 그런 느낌이 난다. 비록 손에는 달달한 믹스 커피가 들려져 있지만 분위기 있는 조명 아래에서 음악도 들으면서 소소한 일상을 즐기는 여유로운 사치다. 가족들이 모두 밖으로 나가 버린 아침 시간에는 가족의 온기도 함께 사라져 버린다. 하지만 늘 마주하는 싱그러운 식물과 생동감 있는 컬러가 가득한 거실을 바라보면 가족의 온기를 채워주기에 충분하다.

공병으로 만든 크리스마스 조명 거실 작은 테이블 위에 올려 두고 크리스마스 소품과 함께 하면 근사한 분위기를 낼 수 있어요.

두 가지 분위기의 거실 그레이 벽면과 잘 어울리는 컬러의 모빌을 선택해 단조로워 보일 수 있는 벽면을 없애주세요.

카페 같은 조명 화이트 조명과 액자가 심플하고, 컬러가 차분해 소파 위는 화려한 무늬의 쿠션이 좋아요.

행복을 요리하는 주방

달그락달그락 냄비들을 반짝반짝하게 닦고, 접시들은 마른 행주로 깨끗하게 물기를 없애고, 가스 불에서 푹푹 삶아지는 행주를 보면 마냥 기분이 좋다. 삶은 행주와 도마를 따뜻한 햇빛에 말리면 절로 콧노래를 흥얼거리게 된다. 나는 향긋한 향이 나는 주방보다 시원한 바람 냄새가 나는 주방이 더 좋다. 하루 중 가장 많은 시간을 보내는 곳에서 사랑하는 가족을 위해 행복을 요리한다. 아이들이 밥 숟가락에 잡곡밥을 듬뿍 떠서 입안으로 넣는 모습을 보면 "감사합니다", "고맙습니다"라는 말이 절로 나온다. 주방은 나에게 주는 첫 번째 선물이다. 어릴 적 친구들과 소꿉놀이를 하던 기억처럼 주방에서 보내는 시간들은 미소가 절로 나는 즐거운 놀이 같고, 조금씩 손을 보고 고치면서 하루하루 비슷한 일상에 의미를 두고 싶은 소박한 마음으로 주방의 문을 두드린다.

**행복 한 숟가락,
웃음 한 숟가락,
밥 한 숟가락 냠냠**

지금 살고 있는 집으로 이사오면서 다른 건 마음에 들었는데 주방에 창이 없는 게 살짝 아쉬움으로 남았다. 자그마한 창이라도 하나 있었으면 좋았을 텐데…. 좋아하는 화분들을 쪼르르 줄 세우고, 창을 보면서 설거지를 하고, 똑!똑! 비 내리는 소리와 하얀 눈이 내리는 소리를 듣고, 소담한 뚝배기에 보글보글 된장찌개를 끓이면서 창밖을 보고 싶었다. 하지만 그런 미련들을 버리고 깔끔하게 고치고 매만지면서 살림하는 재미를 찾자 기분이 더 쏠쏠해졌다. 주방은 내가 하루 중 가장 많은 시

오늘은 시부모님이 보내주신 잡곡들을 여러 번 헹구어 잘 말려 둔 플라스틱 우유병에 담아 바구니에 정리해 두었다. 처음엔 잡곡밥을 싫어했던 아이들도 지금은 현미, 찹쌀, 맵쌀, 흑미를 넣은 밥을 군소리 없이 잘 먹는다. 아빠, 엄마가 꼭꼭 씹어 맛나게 먹는 모습을 보면서 아이들도 조금씩 변하는 것 같다. 이제는 식탁 위에서 매일 만나는 잡곡밥을 365일 맛나게 먹는 가족이 되었다. 아이들이 밥숟가락에 잡곡밥을 듬뿍 떠서 입안으로 넣는 모습을 보면 "감사합니다", "고맙습니다"라는 말이 절로 나온다. 엄마는 아이들의 작은 행동에도 늘 감

간을 보내는 곳이기에 가족들의 끼니를 준비하고 빈 그릇을 설거지하는 공간만이 아닌 다른 의미를 찾고 싶었다. 달그락달그락 냄비들을 반짝반짝하게 닦고, 접시들은 마른 행주로 깨끗하게 물기를 없애고, 가스 불에서 푹푹 삶아지는 행주를 보면 마냥 기분이 좋았다. 삶은 행주와 도마를 따뜻한 햇빛에 말리면 절로 콧노래를 흥얼거리게 된다. 나는 향긋한 향이 나는 주방보다 시원한 바람 냄새가 나는 주방이 더 좋다.

사해 하며 웃는 해님이 된다. 봄이 노크를 하는 3월이 되면 주방으로 들어오는 따스한 봄볕을 맞으며 손과 마음은 부산스러워진다. 싱크대 문을 오픈해 층층이 쌓인 묵은 그릇들을 닦아 주는 귀찮은 소일거리도 나에게는 늘 소꿉놀이를 하는 기분이 든다. 그 이유는 내가 늘 매만지고 꾸며주는 주방이라는 공간이 있기 때문이다.

"저녁 먹자!" 큰소리로 식구들을 부르고, 마주 보며 이야기 꽃을 피우는 시간은 하루 중 목젖이 드러날 정도로 크게 웃는 시간이다. 유머스런 딸아이의 몸짓은 유명 개그 프로보다도 더 재미있는데 집에서만 볼 수 있다는 게 아쉬울 정도다. 이야기를 꺼내기도 전에 웃음이 먼저 나와 입안 가득 고여 있는 밥알들이 분수처럼 쏟아져 나올 때도 있지만 실수가 많은 아이들이 너무 좋다. 장난기 가득한 눈과 항상 웃고 있는 아이들의 얼굴은 식탁에 둘러앉은 시간을 반짝반짝 더 빛나게 해준다. 몇 가지 안 되는 반찬에도 가족들은 행복 한 숟가락, 웃음 한 숟가락, 밥 한 숟가락 꼭꼭 씹어 먹는다. 그리고 남편의 한 마디, "음악이 빠지면 안 되지." 근사한 음악까지 곁들인 한 끼의 식사가 감사하다.

주방은 나에게 주는 첫 번째 선물이었다. 어릴 적 친구들과 소꿉놀이를 하던 기억처럼 주방에서 보내는 시간들은 미소가 절로 나는 즐거운 놀이 같았고, 조금씩 손을 보고 고치면서 하루하루 비슷한 일상에 의미를 두고 싶은 소박한 마음으로 주방의 문을 두드리곤 했다. 분명 주방은 나에게 주는 선물이었는데 주방에 들어오는 남편, 아이들도 변하기 시작했고, 그래서 마음이 더 따뜻해졌다. 주방에서 시간을 보내는 아내, 엄마의 모습이 행복하고 즐거우면 바라보는 가족들에게도 그 마음이 자연스레 물들어 간다는 걸 알게 되었다. 식사 준비를 하는 엄마의 허리를 꼭 껴안아주는 작은아이, 엄마를 돕겠다며 까치발 들고 감자 볶는 걸 도와주는 큰 아이, 그리고 꼭 빼먹지 않는 말, "엄마가 해주는 음식이 제일로 맛나!" 식사 준비로 분주한 시간인데도 잠시 멈추고, 우리 셋은 눈빛을 교환하면서 막춤을 추기도 한다. 짧은 시간 아이들과의 신 나는 막춤이 끝나면 한바탕 호탕하게 웃고 다시 식사 준비로 분주해진다. 주방은 나의 행복이고 가족의 행복이다. 오늘의 메뉴는 행복을 볶아 볼까?

천장에 두 칸
선반 만들기

예쁜 가구나 소품을 한번 만들어 볼까 상상하는 것은 집을 꾸미는 매력이다. 처음에는 주저하는 마음이 들기 때문에 용기도 필요하다. 주방 살림을 주렁주렁 매달아 보고 싶어서 소심하게 만든 심플한 선반을 보며 혼자 배시시 웃는다. 잡지에 나오는 사진들처럼 근사한 포스는 아니어도 주방의 기록을 남겨 보는 즐거움으로 또 다시 꿈을 꾼다.

준비물

삼나무 목재(두께 1.5cm, 위, 밑판 폭 14.5cm×길이 92cm 2개, 가운데, 옆판 폭 14.5cm×길이 30cm 3개), 목공 본드, 충전 드릴, 화이트 페인트(던에드워드 DEW340), 모던 수건걸이(대), 실리콘

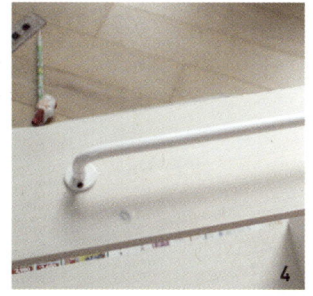

Tip.

천장에 선반을 고정시켜 줄 때는 정확한 위치를 미리 표시해주고 선반은 천장에 닿은 부분에 실리콘을 먼저 발라준다. 그리고 작업한 선반은 3/1정도 피스 작업을 먼저 한다.

1 두께 1.5cm 삼나무 목재를 위, 밑판 폭 14.5cm×길이 92cm, 옆, 가운데판 폭 14.5cm×길이 30cm로 절단해 놓는다. **2** 절단해 놓은 삼나무 목재에 목공 본드를 바르고 타카 또는 머리 없는 나무못으로 박아준다. **3** 가운데 목재를 넣어 두 칸 공간의 선반틀을 만들어 화이트 페인트를 칠해준다. **4** 선반을 뒤집어서 길이 62cm의 모던 화이트 수건 걸이를 피스로 고정시켜 준다. **5** 윗 선반 안쪽에 피스를 미리 1/3 정도 작업한 후 실리콘을 군데군데 묻혀 천장에 붙여주고 미리 3/1 고정한 피스를 마저 드릴로 고정시켜 준다.

초콜릿 냉장고로 변신한
오래된 냉장고

오래됨 속의 익숙함. 이제는 함께하는 생활이 일상이 된 듯 잔 고장 없는 냉장고가 나에겐 그런 의미다. 형부의 결혼 선물인 한 쪽 문 냉장고는 올해 열세 살이 된다. 시집간 언니네서 6년을 밥순가락만 한 개 더 올려놓고 첫 월급 타던 날 형부에게 구두를 선물했다. 처제의 첫 선물이라고 너무 좋아한 형부는 낡아서 해질 때까지 그 구두만 신고 다니셨다. 낡은 냉장고를 예쁘게 꾸며서 언니 부부에게 보여주고 싶다.

준비물

페인트(던에드워드 DEA158), 롤러 붓,
마스킹 테이프, 그래픽 스티커 or 스텐실

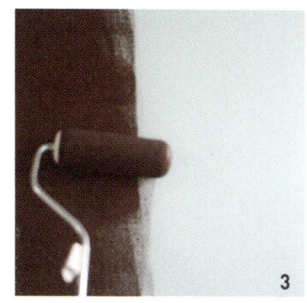

Tip.
새로 칠해줄 페인트 컬러가 기존 페인트 컬러보다 짙으면 젯소 작업을 패스해도 된다.

1 기존 냉장고에 붙인 영문 시트지를 제거한다. **2** 초벌 작업으로 젯소를 2회 칠해준 후 던에드워드 DEA158 페인트와 롤러 붓을 준비한다. **3** 스펀지 롤러 붓은 붓자국 없이 작업 속도도 빠르고 예쁘게 칠할 수 있다. **4** 페인트가 완전히 마르면 한번 더 페인트를 칠해준다. **5** 페인트가 건조되면 준비한 그래픽 스티커를 떼어 내 냉장고에 붙여준다.

콧수염 커피 박스

굿모닝 콧수염 아저씨! 펑펑 내리는 함박눈 때문에 앞이 보이지 않는 아침이네요. 등교하는 아이들을 보려고 창문 밖으로 머리를 내미는 순간 함성과 웃음소리가 들려요. 짧은 시간이지만 하얀 눈은 머리와 눈썹을 하얗게 덮고 아이들 발자국도 이미 하얀 눈이 덮여 흔적도 없이 사라지고 목소리만 들려요. "집에 올 때까지 눈이 계속 내렸으면 좋겠다. 누나! 큰 눈사람 만들자!" 작은 꼬맹이의 소원이 이루어질까요? 콧수염 아저씨, 오늘 아침도 달달한 커피 한잔이요~.

준비물

커피함 박스 반제(굿트리), 화이트 페인트(던에드워드 DEW340),
반짝이 원단, 딱풀, 글루건

  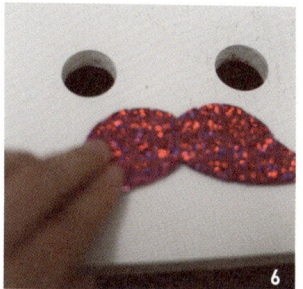

1 커피함 박스 반제를 준비한다. **2** 커피함 박스에는 화이트 페인트를 칠해준다. **3** 핑크 반짝이 원단에는 콧수염을 대고 그려준 후 가위로 깔끔하게 오려준다. **4** 콧수염 모양대로 오려준 핑크 반짝이 원단은 콧수염 목재에 딱풀을 발라 붙여준다. **5** 커피함 뚜껑은 딱풀을 바르고 화이트 반짝이 원단을 붙여준다. **6** 핑크 콧수염은 글루건을 묻혀 가운데에 붙여준다.

모던한 식탁과 의자 만들기

"맛이 없어야 살을 빼는데 맛있으니까 계속 먹게 되잖아." 남편의 한마디에 문득 신혼 때가 생각난다. 한 끼 식사 준비를 하려면 두 시간 전부터 부엌이 난장판이 되고, 싱크대 안에 있던 냄비는 밖으로 총출동한다. 첫 도전이었던 닭도리탕을 할 때는 닭을 넣어 끓인 첫 물을 버려야 하는 걸 몰라서 그냥 조리해 버렸다. "나 마루타 아닌데…." 난감해 하던 남편 얼굴이 떠오른다. 식탁은 우리에게 그런 추억을 안겨준다. 모던한 식탁을 만들면서 또 다른 추억을 만들고 싶다는 생각을 한다. 그리고 이제는 둘이 아닌 넷이 되어 식탁에 둘러앉는다.

준비물

미송 집성목 (두께 2.4cm, 가로 107cm×세로 74cm 1개),
모던 스퀘어 다리 2개, 하부 보조목, 아이언 철제 스툴 반제(손잡이닷컴), 투명 스테인, 목재 마감 왁스

  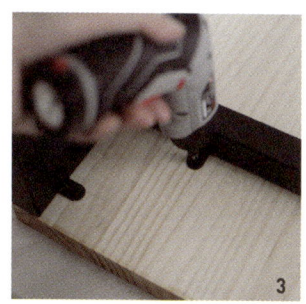

1 미송 집성목(두께 2.4cm, 가로 107cm×세로 74cm) 4인용으로 평균 식탁보다 작게 절단 서비스를 받아 준비한다. **2** 색을 입히고 싶지 않아 투명 스테인을 스펀지에 묻혀 2회 칠해준다. **3** 블랙 모던 스퀘어 다리는 상판 뒤에 드릴을 사용해 피스를 고정시켜 준다. **4** 테이블 상판 뒤에는 목공 본드를 바른 후 하부 보조목을 피스로 고정시킨다(받침 보조대). **5** 의자는 아이언 철제 스툴 반제를 주문해 의자 상판과 아이언 철제 다리를 고정시킨 후 투명 스테인을 칠해준다. **6** 식탁 상판과 의자에는 목재 마감제 왁스를 스펀지에 묻혀 3회 칠해준다.

Tip.
상판이 크면 나무 휨이 있을 수 있으므로 아래에는 '하부 보조목'을 꼭 작업해주세요.

주방 보조 테이블에 시크한 멋내기

손톱을 다듬는다. 주인 때문에 고생이 많은 나의 손. 손톱 아래로 올라온 거칠어진 살이 옷을 만질 때마다 신경이 쓰여 다듬어주고 있다. 장갑을 끼면 되겠지만 머릿속에는 장갑보다 앞으로 변하게 될 공간의 설렘으로 솜사탕 먹는 아이마냥 행복하다.

준비물

보닥 타일 블랙 필름 시트(한 장 사이즈 가로 25cm×세로 25cm),
자, 가위, 커터 칼

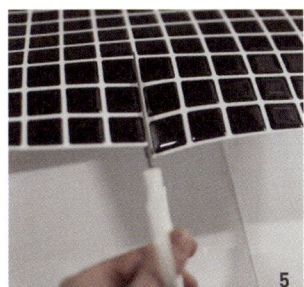

1 보닥 타일 필름 시트를 시공할 면적을 체크한다(보조 테이블 사이즈 가로 198cm × 세로 84cm). **2** 작업할 면적을 깨끗하게 닦아준다. **3** 보닥 타일 필름 시트 뒷면의 이형지를 탈착해준다. **4** 평면을 맞추어 붙여주고 이어 붙일 때는 화이트 끝부분을 겹쳐서 붙여준다. **5** 보닥 타일의 남는 부분을 체크하여 가위나 커터 칼로 재단한다. **6** 뜨지 않도록 손으로 꾹꾹 눌러 완성한다.

Tip.

보닥 타일 필름 시트는 일반 타일 필름 시트와 다르다. 3D 입체형 타일 필름 시트로 고급스럽고 실제 타일과 흡사하다.

예쁜 가구나 소품을 한번 만들어 볼까 상상하는 것은 집을 꾸미는 매력이다. 처음에는 주저하는 마음이 들기 때문에 용기도 필요하다. 잡지에 나오는 사진들처럼 근사한 포스는 아니어도 주방의 기록을 남겨 보는 즐거움으로 또 다시 꿈을 꾼다. 주인 때문에 고생이 많은 나의 손. 장갑을 끼는 것보다 앞으로 변하게 될 공간의 설렘으로 솜사탕 먹는 아이마냥 행복하다.

천장에 두 칸 선반 만들기 찬장에 고정시킨 선반이라 무겁기 때문에 큰 주방 소품보다는 부담없는 가벼운 소품이 좋아요.

모던한 식탁과 의자 만들기 그릇을 수납할 수 있는 수납장을 함께 두면 사용하기 좋아요.

주방 보조 테이블에 시크한 멋내기 주방 보조 테이블 앞에 의자를 두고 사용하면 간이 식탁으로도 충분해요.

초콜릿 냉장고로 변신한 오래된 냉장고 냉장고의 위치가 주방 베란다로 나가 있어 냉장고 옆에는 큰 식물, 벽에는 파벽돌 작업 및 창문에 식물을 걸어 두면 좋아요.

콧수염 커피 박스 싱크대 위에는 자주 사용하는 도마, 머그컵을 올려 두고 싱크대 벽의 콘센트는 예쁜 그림으로 가려주면 인테리어 효과까지 있어요.

순수함이 묻어나는
트레이 만들기

너의 이름은 도마? 도마라고 하기에는 사용하기 힘들 것 같고 가벼운 느낌의 트레이를 만들면 어떨까? 아이들의 간식을 담아낼 때마다 웃음이 나는 트레이로 리폼을 한다. 순수함이 가득 묻어나는 트레이를 만들기 위해 붓을 잡아 본다.

준비물

미니 우드 도마(다이소), 네임펜, 아크릴 물감, 화이트 페인트, 우드 스테인(벗나무), 우드 손잡이, 바니시, 미술 붓, 평붓

 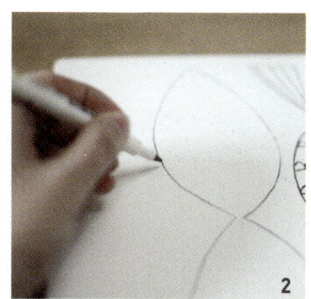 

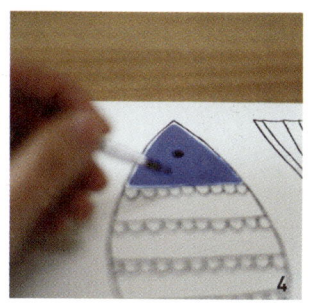  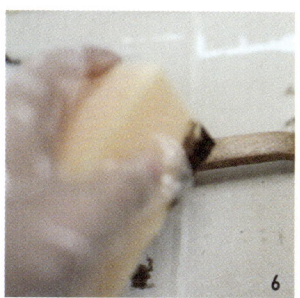

1 스펀지 붓에 화이트 페이트를 묻혀 미니 우드 도마를 칠해준다. **2** 페인트 작업한 우드 도마가 건조되면 연필로 재미난 물고기 그림을 그려준 후 네임펜으로 다시 한번 위에 따라 그려준다. **3** 미니 우드 도마에 재미난 물고기 세 마리를 그려준 모습이다. **4** 아크릴 물감으로 색을 칠해줄 때는 안은 다 채우지 않는다. **5** 색 작업이 끝나면 바니시를 칠해준다(3회 작업). **6** 바니시가 건조되는 동안 우드 손잡이에 우드 스테인(벗나무)을 칠하고 우드 도마 옆 부분에 드릴로 피스를 고정시켜 준다.

고방 유리 2단 수납장 만들기

예쁜 그릇에 음식을 담아내고, 정갈하고 깔끔하게 식탁을 차리고 싶다. 이처럼 조금씩 살림의 맛을 알아가면서 여자로서 욕심도 생기게 된다. 친정어머니가 왜 그토록 그릇에 욕심이 많으셨는지 알 것 같다. 나이가 들수록 나를 치장하는 것 보다는 주방을 채워가는 반듯한 그릇들을 보면서 살림의 맛에 젖는다. 주방에 필요한 그릇과 소품을 쟁여놓을 수 있는 수납장으로는 고방 유리가 매력 있다.

준비물

고방 유리 수납장(반제) 가로 70cm×세로 35cm×높이 92.5cm, 코너 다리, 고방 유리, 문(가로 27.5cm×세로 75cm), 경첩, 주물 손잡이, 화이트 페인트(던에드워드 DEW340), 목공 본드

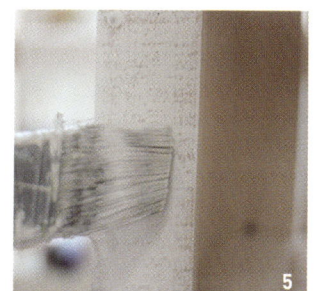

1 미송 집성목에 목공 본드를 바르고 상판 지지대 보조목과 옆판을 먼저 이중기리 비트로 작업한 후 피스를 박아준다. **2** 뒷판은 합판 4.8mm 7개를 타카 또는 머리 없는 나무못으로 박아준다. **3** 코너 다리는 목공 본드를 바르고 수납장 몸통 네 곳을 타카로 튼튼하게 박아주고 상판을 올려 튼튼하게 박아준다. **4** 문짝은 조립하고 고방 유리를 넣어준다. **5** 화이트 페인트로 2회 칠해준다. **6** 경첩과 손잡이를 고정시켜 준다.

채소, 과일 수납함으로 리폼한 헌 냄비

어릴 적 기억 속의 친정엄마는 소녀셨다. 가을이 오면 창호지 문을 떼어 내고 묻은 창호지를 벗겨 내고 쑨 풀을 나무 틀에 바르고 깨끗한 창호지를 붙여 코스모스, 국화, 들꽃을 말려 창호지에 수를 놓으셨다. 얼마나 예뻤던지 아직도 그 기억이 생생하다. 지금 생각하면 햇살에 반짝이던 꽃잎보다 조심스레 꽃잎을 다루는 엄마의 모습이 더 아름다웠다. 버려지는 물건에 아름다운 수를 놓는 기분, 예쁜 게 참 좋다.

준비물

헌 냄비, 미니 자기질 타일, 타일 접착제, 타일 줄눈제 가루, 젯소,
노랑 페인트 또는 아크릴 물감, 바니시

 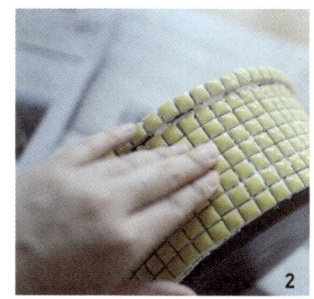 

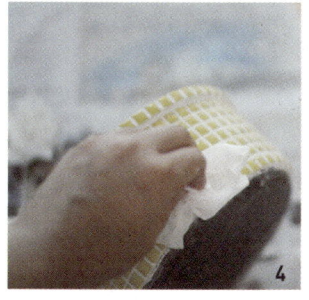  

1 헌 냄비에 나무젓가락을 이용해 타일 접착제를 고르게 펴 바른다. **2** 미니 자기질 타일을 냄비 크기에 맞게 가위로 잘라준 후 접착제 위에 붙여주고 꼭꼭 눌러준다(뒷면에 그물망으로 연결되어 있다). **3** 줄눈제 가루는 비닐봉지에 담아 물과 함께 반죽해 타일 사이사이 틈을 채운다. **4** 5~10분이 지나면 젖은 천이나 물티슈로 타일 표면을 닦아준다. **5** 냄비 안은 젯소를 2회 칠해준 후 노랑 페인트 또는 아크릴 물감으로 칠해준다. **6** 냄비 안과 줄눈제 사이사이는 투명 바니시를 칠해준다.

Tip.
냄비 손잡이가 노랑이라 타일과 냄비 안도 노랑 컬러로 통일시켜 작업하면 더 깔끔하다. 타일 줄눈제는 반죽하고 1시간 이내에 사용해야 한다. 굳어져서 사용할 수가 없기 때문이다.

주방 유리문 블랙 시트지 작업

꽃을 좋아하고 집 안으로 들어오는 햇살에 웃고 꼼지락꼼지락 집 꾸미는 걸 좋아하는 나. 계절이 바뀔 때마다 분주한 손길은 어릴 적 종이 인형 만들어 오리고 놀던 때와 다르지 않다. 놀이터 같은 집은 하루 종일 신 나게 놀아도 또 놀고 싶다.

준비물

단색 시트지 블랙, 분무기, 커터 칼,
자, 심플라인 손잡이(실버), 영문 레터링지

 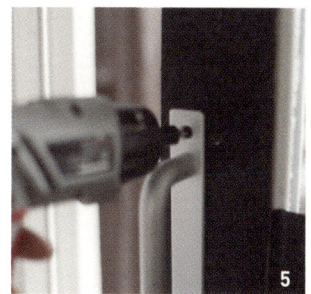 

1 기존 유리문에 붙인 시트지를 제거한다. **2** 준비한 블랙 단색 시트는 문틀 사이즈(폭 7cm)에 맞게 잘라 붙여준다. **3** 유리문에는 분무기로 물을 뿌려주고 시트지(가로 67cm× 세로 110cm)를 붙여준다. **4** 밀대를 안쪽에서 밖으로 밀어주면 물이 시트지 밖으로 나오면서 기포가 없어진다. **5** 심플라인 손잡이(실버)를 고정시켜 준다. **6** 밋밋한 유리문에 레터링지를 이용해 간단한 문장을 새겨준다.

Tip.

페인트 작업이 아닌 시트지 작업을 한 이유는 다른 변화에 도전할 때 제거하기 쉽기 때문이다. 유리문 위에 시트지를 붙일 때는 유리문에 분무기를 사용해 물을 뿌려주고 밀대를 안에서 밖으로 밀어주면 된다.

심플한 스트링 선반으로 정리

뜯은 풀은 돌멩이로 찧어 흙을 섞어 떡을 만들고, 꽃은 꺾어 꽃 반찬을 만들고, 작은 돌멩이는 콩밥이 되고, 넓은 나뭇잎에 흙을 돌돌 말아 김밥을 만들며 "밥 먹을 시간이다!" 소리친다. 우리들의 소꿉놀이에서는 엄마 역할이 최고였다. 꽃을 꺾어 만든 꽃 반찬은 어렵지만 가족들을 위해 주방에서 움직이는 시간이 즐거운 건 하나도 변하지 않았다. 주방 벽면에 선반을 고정시켜 예쁜 그릇과 컵들을 놓는다. 올망졸망 주방에서 보내는 시간이 즐거운 이유다.

준비물

스트링 선반(화이트), 충전 드라이버(소형 드릴)

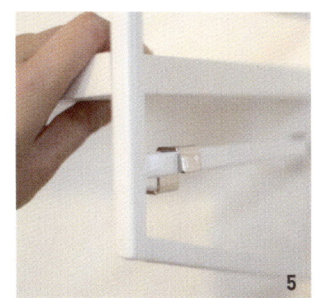
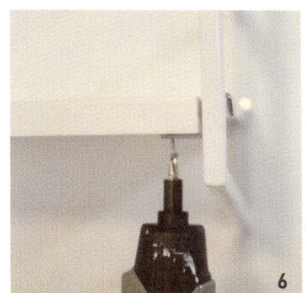

1 화이트 스트링 선반을 준비한다. **2** 벽면에 원하는 위치를 체크하고 스트링 철제 선반을 피스로 튼튼하게 고정시켜 준다. **3** 나머지 한 개도 벽에 튼튼하게 고정시켜 준다. **4** 선반 판재에 연결된 걸고리를 풀어준다. **5** 걸고리를 스트링 선반에 미리 걸어준다. **6** 선반 판재를 넣고 드릴을 이용해 걸고리와 판재에 피스 작업을 해준다.

채소, 과일 수납함으로 리폼한 헌 냄비 식탁 위, 거실 테이블 위에 올려 두면, 간식 수납이나 미니 화분을 넣는 인테리어 소품으로 손색이 없어요.

꽃을 좋아하고 집 안으로 들어오는 햇살에 웃고 꼼지락꼼지락 집 꾸미는 걸 좋아하는 나. 계절이 바뀔 때마다 분주한 손길은 어릴 적 종이 인형 만들어 오리고 놀던 때와 다르지 않다. 놀이터 같은 집은 하루 종일 신 나게 놀아도 또 놀고 싶다. 우리들의 소꿉놀이에서는 엄마 역할이 최고였다. 꽃을 꺾어 만든 꽃 반찬은 어렵지만 가족들을 위해 주방에서 움직이는 시간이 즐거운 건 하나도 변하지 않았다.

고방 유리 2단 수납장 만들기 수납장과 잘 어울리는 스트링 선반을 설치해 부족한 수납을 해결해 주세요.

주방 유리문 블랙 시트지 작업 블랙 시트지가 무겁게 느껴지면 유리문 한쪽은 블랙 컬러와 어울리는 패브릭을 달아줘도 주방의 분위기가 달라져요.

순수함이 묻어나는 트레이 만들기 그림을 그려준 트레이라 주방에 액자처럼 사용해도 미소가 나요. 주방 소품으로 활용하세요.

심플한 스트링 선반으로 정리 화이트 스트링 선반의 장점은 주방에 필요한 소품들이 예뻐 보여요. 스트링 선반이 화이트라 벽면은 어떤 컬러를 선택해도 부담이 없어요.

쌍둥이 쌀통 만들기

"어째 우리집 며느리는 욕심이 없냐?" 아버님의 못마땅한 어투는 한두 번 들은 게 아니기에 웃으면서 대답한다. "저희가 필요한 건 다 챙겨 가요." 아버님은 나에게 욕심이 없다 하시지만 집에 오면 맵쌀, 보리, 현미, 현미 찹쌀, 콩이 담겨 있는 자루 포대가 한가득인 걸. 꽃 구경하는 봄날이 오면 씨앗 뿌리시고, 휴가 가는 여름이 오면 대롱대롱 맺은 결실이 잘 못 될까 노심초사 지켜 보시고, 단풍 구경하는 가을이 오면 늙은 몸이 원망스럽고, 겨울이 오면 한 숨이 겨울 밤처럼 길어지신다고 하신다. 아버님, 어머님 감사합니다. 건강하세요.

준비물

스프러스 집성목(두께 1.5cm, 옆판 폭 20cm×길이 60cm 4개, 뒤판 폭 33cm×길이 63cm 2개, 밑판 가로 33cm×세로 23cm 2개, 뚜껑 가로 33cm×세로 23cm 2개), 문짝 패널(두께 1.5cm, 폭 6cm×길이 30cm 4개, 폭 6cm×길이 60cm 4개), 다이아 유리(가로 20.4cm×세로 50.4cm), 몽땅 사선 다리(길이 7cm) 8개, 우드 스테인(벗나무), 우미 경첩 4개, 스톤 손잡이 2개

1 주방 베란다에 둘 공간에 맞게 스케치한 후 스프러스 집성목을 절단 후 문짝 틀을 만들어 글루건을 쏴주고 주문한 다이아 유리를 올려준다(액자 뒷판 고리로 고정). **2** 유리를 끼워준 문짝 패널에는 목공 본드를 바른 옆판을 붙여 타카로 작업한다. **3** 뒷판에도 목공 본드를 바르고 드릴을 사용해 피스를 고정한 후 같은 방법으로 한 개를 더 만들어준다. **4** 밑판에는 먼저 몽땅 사선 다리를 피스로 고정시켜 주고 미리 만들어 놓은 몸통에 목공 본드를 바른 후 피스로 튼튼하게 고정시켜 준다. **5** 다리 작업 해준 몸통을 세우고 스펀지에 우드 스테인(벗나무)을 2회 칠해준다. **6** 뚜껑과 몸통은 경첩으로 고정시켜 주고 뚜껑 위에는 손잡이(스톤1994)를 달아준다.

Tip.

수납장에 유리 작업을 할 경우 정확한 사이즈가 중요하고 모든 목재 작업에서 목공 작업은 필수다.

수학 문제를 풀 때 가장 중요한 게 공식인데 집은 공식이 없다. 정해진 공식이 아닌 주인장의 취향이 공식이 된다. 좋아하는 컬러, 스타일, 가구, 소품 등등. 그래서 담 넘어 이웃집 엿 보는 게 흥미로울 때가 있다. 때로는 틀에 박힌 집에 대한 공식에서 가출하고 다른 시도를 해보는 기회가 오기도 하지만 이내 가출한 주인장의 공식으로 다시 돌아온다.

준비물

젯소, 화이트, 블랙 페인트(던에드워드 블랙 DEA187),
스펀지 붓

1 도자기 전등이 주방과 안 어울려 깔끔하게 페인트 작업을 해주려고 한다. **2** 도자기 갓을 조심스럽게 돌려 분리시켜 준다. **3** 표면을 깨끗이 닦고 스펀지에 젯소를 묻혀 등 전체를 고루 2회 칠해준다. **4** 젯소가 건조되면 등 안쪽은 화이트 페인트를 2회 칠해준다. **5** 등을 뒤집어 등 표면에는 블랙 페인트로 칠해준다. **6** 페인트가 건조되면 한 번 더 칠해주고 건조된 갓은 다시 돌려서 끼워준다.

우유통으로 영수증 보관함 만들기

오늘 은행에 가서 가계부 한 권을 받아왔다. 어릴 때 아버지의 월급 날은 우리 삼남매가 좋아하는 통닭을 먹는 날이었다. 기름이 스며든 얼룩진 닭 튀긴 봉투는 어린 삼남매에게 행복감을 안겨주기에 충분했고 어머니가 두둑한 봉급 봉투를 받아 그 자리에 앉아서 분주하게 가계부를 정리하던 모습이 생각난다. 그때가 그립다. 요즘은 은행에서 다 알아서 해주니 씁쓸하다. 영수증 보관함이 필요해 우유통으로 귀엽게 만드니 우유통 안에 차곡차곡 영수증이 쌓인다.

준비물

플라스틱 우유통 2개, 젯소, 화이트 페인트, 아크릴 물감,
레터링지, 사용 안 하는 허리띠 or 가방끈, 바니시

 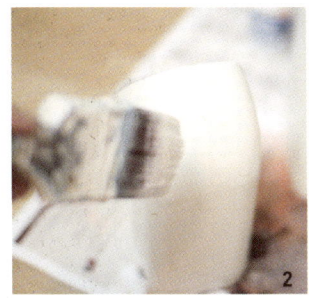 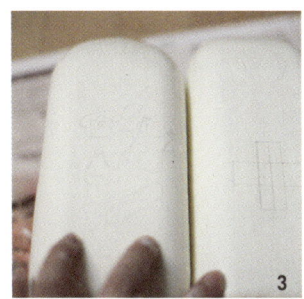

1 준비한 플라스틱 우유통은 스티커를 제거해주고 연필로 오릴 부분을 그려 가위로 오려낸다. **2** 우유통에 젯소 작업을 2회 해주고 건조되면 화이트 페인트를 2회 칠해준다. **3** 페인트가 건조되면 마트와 병원 이미지를 간단히 그려준다. **4** 그려준 그림은 아크릴 물감을 이용해 미술 붓으로 칠해준다. **5** 아크릴 물감이 마르면 영문 레터링지를 이용해 마트, 병원 알파벳을 새겨준다. **6** 우유통 뒤에는 자투리 목재를 안쪽에 붙이고 사용 안 하는 허리띠 또는 가방끈을 잘라 피스로 고정시켜 준다.

LOVE IS :

자투리 목재로 심플 액자 만들기

집을 조금씩 고치고 필요한 소품과 가구를 만들면서 남은 재료 하나 버리지 못 하는 습관이 생겼다. 길거리에 버려진 팔레트, 사과 궤짝을 주워 와 팔이 떨어지도록 사포로 다듬어준 기억을 어떻게 잊을 수 있을까? 오늘은 손의 수고스러움을 덜어주는 고운 자태의 자투리 목재들을 창고에서 꺼내 와 물감 놀이를 한다. 화이트, 블랙 심플한 액자를 만들어 보고 싶다.

준비물

자투리 목재, 페인트(화이트, 블랙),
영문 레터링지, 숫자 레터링지

1 작업하고 남은 자투리 목재 크기는 중요하지 않다. **2** 블랙, 화이트 페인트를 꼼꼼히 칠해준다. **3** 영문 레터링지, 숫자 레터링지를 준비한 후, 원하는 단어를 생각해 레터링지를 목재 위에 놓고 새겨준다. **4** 새겨진 레터링지를 확인하고 떼어 낸다.

집을 꾸밀 때는 공식이 없다. 주인장의 취향이 곧바로 공식이 된다. 좋아하는 컬러, 스타일, 가구, 소품 등등. 그래서 담 넘어 이웃집 엿보는 게 흥미로울 때가 있다. 때로는 틀에 박힌 집에 대한 공식에서 가출하고 다른 시도를 해보는 기회가 오기도 하지만 이내 가출한 주인장의 공식으로 다시 돌아온다.

쌍둥이 쌀통 만들기 주방에 두고 사용하기에는 좁아 주방 베란다에 두었어요. 소품과 선반도 쌀통과 비슷한 스타일로 꾸며주세요.

안 어울리는 조명은 페인트 작업으로 리폼 블랙 조명이 어울리도록 주방 벽의 컬러 선택을 고려하고 소품은 심플한 것으로 선택해요.

우유통으로 영수증 보관함 만들기   우유통 자체가 훌륭한 수납함으로 손색이 없어요. 리폼을 굳이 하지 않아도 잘 헹궈 편하게 오려 일회용 비닐장갑, 봉지 수납으로도 좋아요. 싱크대 안 수납으로 굿.

자투리 목재로 심플 액자 만들기   선반 위에 액자를 데코할 때는 같은 사이즈의 액자보다는 사이즈가 다른 액자들이 더 자연스럽고 예뻐요.

캔 통으로 만드는
스파게티, 면 보관함

버려지는 소소한 물건을 무엇에 쓰려고 이리도 쟁여 놓는지 모르겠다. 싱크대 정리를 하는데 먹고 남은 국수를 비닐봉지에 넣고 질끈 묶다가 문득 다른 방법이 없을까? 라는 생각이 들었다. 즉시 보관해 두었던 목이 긴 캔을 가지고 온다. 룰루랄라 콧노래 부르며 물감을 칠해주니 국수와 스파게티 보관용으로 딱이다. 깔끔한 면 종류 보관 용기를 살 수도 있지만 나는 이런 게 더 좋으니 웃음만 난다.

준비물

홍삼 캔, 젯소, 아크릴 물감(블루, 화이트 조색),
자투리 목재, 걸고리, 영문 레터링지

1 홍삼 캔에 젯소를 칠해준 후 건조되면 1회 더 칠해준다. **2** 젯소를 바른 홍삼 캔이 건조되면 조색한 아크릴 물감을 칠해준다. **3** 페인트가 건조되면 영문 레터링지로 면, 스파게티라고 새겨준다. **4** 자투리 나무로 뚜껑을 만들어주고 싶어 사이즈에 맞게 톱질을 한다. **5** 뚜껑은 우드 스테인(벗나무)을 칠해준다. **6** 손잡이는 걸고리로 사용해도 좋을 것 같아 뚜껑에다 피스 작업을 해준다.

변화가 필요한 싱크대 심플하게 작업

오늘 같이 추운 날에는 돌아가신 할머니가 끓여주신 청국장이 생각난다. 아궁이 속에 남은 불씨를 밖으로 꺼내 뚝배기를 올려놓고 자박자박하게 끓인 청국장이 먹고 싶다. 어릴 땐 짜다고만 생각했는데 다 타고 난 재로 끓인 그 맛이 갈수록 그리워진다. 행주질하면 부뚜막에서 모락모락 피어나던 김. 싱크대 리폼을 하면서 시골 부엌도 생각나고 할머니도 생각나고 청국장도 생각나는 하루다.

준비물

스프러스 집성목 두께 1.5cm(싱크대 서랍용 3개), 미송 합판 두께 0.48cm(싱크대 문 5개, 식기세척기 문 1개),
목공 본드, 페인트(던에드워드 화이트 DEW340, 블랙 DEA187),
마메종 손잡이(3개), 화이트 수건걸이, 바니시

 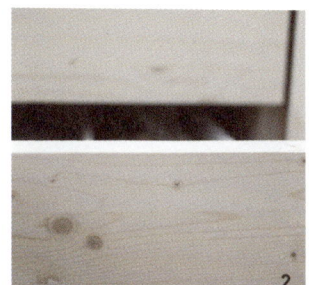 

1 싱크대 문을 만들 때 새로운 합판(두께 0.48cm)을 싱크대 문 사이즈로 절단하고, 스프러스 집성목(두께 1.5cm)을 서랍문 사이즈로 절단한 후 우드락을 제거한 기존 싱크대 문에 붙인다. **2** 싱크대 서랍 문짝은 떼어 내고 스프러스 집성목으로 서랍문을 새로 만들어 주려고 한다. 집성목은 서랍 안쪽에서 드릴로 피스 작업을 해준다. **3** 식기세척기 문, 싱크대 문 총 6개는 준비한 합판에 목공 본드를 바르고 기존 싱크대 문에 붙이고 타카로 박아준다. **4** 식기세척기는 블랙 페인트, 싱크대 서랍, 싱크대 문은 화이트 페인트를 3회 칠해준다(페인트가 건조되면 바니시 or 왁스 작업을 3회 해준다). **5** 바니시가 건조되면 싱크대 서랍은 마메종 손잡이를 달아준다. **6** 수건걸이는 첫 번째 싱크대 문에 드릴을 사용해 피스로 고정시켜 준다.

Tip.

사용하던 싱크대 문이 양호하면 목재 작업 없이 싱크대 문에 젯소, 페인트 작업만으로도 가능하다. 싱크대가 양호하지 않다면 DIY 쇼핑몰에서 목재를 주문할 때 싱크대 문 사이즈를 체크해 주문하면 편하다.

냉장고 틈새 수납장

냉장고와 냉장고 옆 수납장 사이에 틈이 있다. 냉장고가 작아 요런 틈이 생겼지만 수납은 늘 부족하다. 그래서 날씬한 3층 수납함을 만들고 싶었다. DIY를 배운 적 없는 아줌마가 나무를 주문하고 뚝딱거린다. 직접 만들어주는 가구는 완벽하지 않지만 상관없다. 사용하는데 불편함이 없으면 최고다.

준비물

삼나무(두께 1.5cm, 옆판 폭 14cm×길이 100cm 2개, 밑판 폭 13.5cm×길이 62cm 3개,
앞판 폭 12cm×길이 62cm 3개, 뒤판 폭 15cm×길이 62cm 3개),
바퀴 小(4개), 페인트, 우드 손잡이, 영문 레터링지, 목공 본드, 우드 미니 오너먼트, 사포, 아크릴 물감

1 절단 주문한 삼나무를 체크한다. **2** 양쪽 옆판을 나란히 놓고 밑판부터 목공 본드를 바르고 드릴로 피스를 고정시켜 준다. **3** 밑판 작업이 끝나면 앞판에 목공 본드를 바르고 피스를 고정시켜 준다. **4** 앞판과 같은 방법으로 뒤판도 목공 본드 작업 후 피스 작업을 하고, 뒤판은 앞판보다 폭을 더 넓게 재단한다. **5** 우드 미니 오너먼트는 사포 후 아크릴 물감으로 예쁘게 칠해준다(레터링지 사용). **6** 우드 손잡이는 우드 스테인(오크)을 바르고 옆판에 피스로 고정시켜 주고 미니 오너먼트는 목공 본드를 발라 뒤판 안쪽에 붙여준다.

Tip.
틈새 수납장을 만들 때는 틈새 사이즈 보다 1cm 정도 작게 만들어준다. 그래야 빼고 넣을 때 편하다.

공병으로 스트로 보관함 만들기

운동화 상자 안에는 아끼는 연필, 지우개, 수첩, 그림을 모아 뒀다. 엄마가 삼남매에게 똑같이 나눠준 과자와 사탕들. 언니는 바로 뜯어서 먹었지만 난 운동화 상자 안에 넣어 뒀다. 학교 끝나고 운동화 상자 열어 보는 즐거움은 친구들과 싸우고 엄마한테 혼나서 눈물이 나도 다 잊게 해주는 마법 같은 일이었다. 어느 날 아빠가 "울 작은 딸내미 주려고 만들었지" 하시며 만들어주신 나의 보물 상자는 27년이 흘러도 선명하다. 뚜껑을 밀고 닫을 수 있게 만들어주신 나무 상자. 지금 나의 보물들은 베란다 창고다. 보물 창고에는 모아둔 캔 통, 유리병, 목재 등등. 아빠처럼 나도 아이들에게 추억을 만들어주고 싶다.

준비물

공병(스파게티, 잼) 3개, 컬러 단색 시트지(소량),
가위, 스트로

1 준비한 공병은 스티커를 깨끗이 떼어 낸다. **2** 컬러별 단색 시트지와 가위를 준비하고 종이에 스케치한다. **3** 시트지에 연필로 밑그림을 그리고 꽃잎, 줄기, 잎을 오려준다. **4** 잼병에다 꽃, 줄기, 잎 순서대로 붙여준다. **5** 큰 병에 붙여줄 시트지는 튤립 모양을 크게 오려준다. **6** 자연스럽게 비스듬히 꽃, 줄기를 붙여주고 스트로를 넣어준다.

변화가 필요한 싱크대 심플하게 작업 화이트 페인트로 작업을 해주고 싱크대 위에 요리 사진, 아이들 사진, 메모를 붙여 두면 설거지할 때 자연스레 눈이 간답니다. 심플해진 싱크대에는 러그만으로도 분위기가 많이 달라져요.

냉장고 틈새 수납장 틈새 수납장은 가구와 벽 사이의 공간에 알토란 같은 수납함이라 생활에 유용해요.

냉장고와 냉장고 옆 수납장 사이에 틈이 있다. 냉장고가 작아 요런 틈이 생겼지만 수납은 늘 부족하다. 그래서 날씬한 3층 수납함을 만들고 싶었다. DIY를 배운 적 없는 아줌마가 나무를 주문하고 뚝딱거린다. 직접 만들어 주는 가구는 완벽하지 않지만 상관없다. 사용하는 데 불편함이 없으면 최고다.

공병으로 스트로 보관함 만들기 시트지로 화사하게 리폼한 공병은 주방뿐 아니라 아이들 방에 혹은 물꽂이 화병으로 사용하세요.

캔 통으로 만드는 스파게티, 면 보관함 만들고 예쁘게 사용하면 좋잖아요. 손이 잘 가는 싱크대 안에 두고 사용하면 싱크대 문을 열 때마다 미소가 나요.

내 아이의 꿈이 자라는 곳, 아이 방

엄마는 늘 꿈을 꾼다. 아이들이 매일매일 예쁜 꿈을 꾸면서 성장할 수 있도록 순수하고 예쁜 동화 같은 공간을 만들어주고 싶다. 그런 생각만 해도 엄마 입가에는 웃음꽃이 번지기 시작한다. 아이들의 방에서는 항상 웃음소리가 끊이지 않는다. 호기심이 많은 아이들은 방 안에 있는 모든 것이 놀잇감이다. 작게 오린 색종이로 무지개 빛 파티를 하고, 몸에 물감을 칠하면서 간지럽다고 깔깔대며 웃고, 서로의 얼굴에 수염을 그려준다. 신 나게 놀고는 정신 없이 어질러 놓은 방을 청소하기 싫어 서로 미루는 모습도 엄마 눈에는 달달하기만 하다. 폴폴 분필 먼지가 나는 줄도 모르고 그림 그리는 모습은 영락없이 꼬마 화가이고, 조용히 앉아 책을 읽는 모습도 제법 진지하다. 언제 이렇게 예쁘게 컸니? 엄마는 가슴이 뭉클해진다. 온 몸에 선크림을 하얗게 바르고 엄마를 보며 씩 웃던 큰아이, 떨어진 선크림을 바닥에 문지르고 놀던 작은 아이의 모습은 멈춰버린 시간처럼 아득하다. 문득 만지고 싶은 그리운 추억으로 물든다. 1년, 2년, 3년이 지나면 오늘이 또 그립겠지?
그래서 엄마는 오늘도 분주하게 아이들 방에 동심의 꿈을 심는다.

꿈이 가득한 방에 행복 나무를 심는다

뭉툭한 크레파스를 들고 스케치북에 예쁜 집을 그린다. 삐뚤빼뚤 작은 굴뚝과 무릎까지만 닿는 미니 울타리도 그리고, 울타리 안의 작은 연못에는 물고기 세 마리가 꼬물꼬물 헤엄을 치는 모습도 넣는다. 그리고 연못에서 집으로 들어오는 문까지 동글동글 예쁜 돌길을 그려준다. 사과나무 한 그루와 예쁜 꽃, 하늘에는 두둥실 뭉게구름, 해님이 활짝 웃으며 비추는 연못, 가족들이 즐겁게 모여 있는 마당. 아이들이 그려준 그림의 제목은 '행복한 우리집'이다. 내가 어렸을 때 꿈꾸었던 집과 똑같다. 어른이 되어서도 울타리와 돌길이 있는 집을 꿈꾼다. 비록 지금 굴뚝과 연못을 만들 수는 없지만 '행복한 집'을 만드는 것이 일상이고 취미가 되었다.

엄마는 늘 꿈을 꾼다. 아이들이 매일매일 예쁜 꿈을 꾸면서 성장할 수 있도록 순수하고 예쁜 동화 같은 공간을 만들어주고 싶다. 그런 생각만 해도 엄마 입가에는 웃음꽃이 번지기 시작한다. 아이들의 방에서는 항상 웃음소리가 끊이지 않는다. 호기심이 많은 아이들은 방 안에 있는 모든 것이 놀잇감이다. 작게 오린 색종이로 무지개 빛 파티를 하고, 몸에 물감을 칠하면서 간지럽다고 깔깔대며 웃고, 서로의 얼굴에 수염을 그려준다. 신 나게 놀고는 정신 없이 어질러 놓은 방을 청소하기 싫어 서로 미루는 모습도 엄마 눈에는 달달하기만 하다. 함께 사용하던 방을 딸아이 방으로 만들어주자 작은아이가 누나 방에 들어갈 때마다 똑!똑! 노크를 한다. 큰아이가 던지는 말. "얼굴 인식하고 비밀번호 눌렀어?" 동생뿐만 아니라 엄마 아빠도 예외는 아니다. 비밀번호가 길어서 외우기 어렵다고 하니 엄마는

지문 인식으로 바꿔준다. "고마워 딸." 하고는 배시시 웃는 엄마. 아이들과의 놀이에 매번 끼고 싶어 큰아이 방을 기웃거리는 것도 일상이 되었다. 뭐가 그리도 재미있을까? 아이들의 웃음소리가 방문을 넘어 설거지를 하고 식사 준비로 분주한 주방까지 전해져 당근, 감자, 양파도 춤을 추는 듯하다.

요즘은 큰 도화지로 변한 블랙 창고 문이 인기인데, 폴폴 분필 먼지가 나는 줄도 모르고 신 나게 그림 그리는 모습은 영락없이 꼬마 화가이고, 조용히 앉아 책을 읽는 모습도 제법 진지하다. 언제 이렇게 예쁘게 컸니? 엄마는 가슴이 뭉클해진다. 온 몸에 선크림을 하얗게 바르고 엄마를 보며 씩 웃던 큰아이, 떨어진 선크림을 바닥에 문지르고 놀던 작은아이의 모습은 멈춰버린 시간처럼 아득하다. 문득 만지고 싶은 그리운 추억으로 물든다. 1년, 2년, 3년이 지나면 오늘이 또 그립겠지? 그래서 엄마는 오늘도 분주하게 아이들 방에 동심의 꿈을 심는다. 20분만에 뚝딱 만들어 준 어설픈 인디언 텐트에서 아이들은 행복 나무를 심고, 웃음이라는 물을 주고, 꿈으로 해님을 선물하고, 사랑으로 바람을 준다. 부족하지만 엄마가 꾸며주고 만들어준 방에서 아이들의 웃음과 꿈, 사랑으로 가득한 행복 나무가 아이들과 함께 매일매일 무럭무럭 자라고 있다. 지원아! 지훈아! 예쁘고 건강하게 자라줘서 너무 고마워. 우리 지금처럼 건강하고 행복하게 엄마랑 놀자.

달달한 프레임 3단 선반

좁디 좁은 베란다가 있다. 아이들 방에 딸려 있는 미니 베란다. 어릴 때는 요 공간에서 소꿉놀이, 인형 놀이로 깨알 같은 추억이 담기는 곳이다. 이제는 소꿉놀이가 아니라 편하게 앉아서 좋아하는 만화책을 낄낄거리며 읽는다. 달달한 프레임 3단 선반을 만들어 좋아하는 만화책을 정리해주니 더욱 기분 좋아지는 공간이 되었다. 절로 웃음이 나오는 만화방 같은 베란다가 좋다.

준비물

프레임 철제 다리(화이트), 목재 두께 1.8cm, 폭 24.8cm×길이 60cm 3개, 선반 뒤판 폭 5.8cm×길이 60cm 3개,
수성 스테인(스프링 그린, 오렌지, 투명) 마감재 오일, 목공 본드, 스펀지 붓

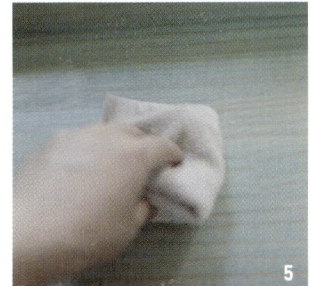

1 선반 3개와 선반 뒤판 3개를 체크한 사이즈대로 준비한다. **2** 선반 뒤판에 목공 본드를 바른 후 선반과 연결해 피스로 고정시킨다. **3** 선반과 선반 뒤판을 연결한 선반 3개를 같은 방법으로 만들어준다. **4** 수성 스테인(오렌지, 스프링 그린, 투명)을 스펀지 붓에 묻혀 칠해준다. **5** 마감제 오일을 스펀지 또는 천에 묻혀 칠해준다. **6** 선반을 준비한 프레임 모서리에 잘 맞춘 후 드릴로 피스를 고정한다.

ZIPPEL

귀요미 냉장고 수납장

과일, 채소를 넣으면 안 됩니다. 주스, 우유는 더더욱 NO. 냉장고 수납장은 호기심 많은 아이들에게 특히 재미있는 가구다. 냉장고가 아니라는 걸 알면서도 우유, 물, 과일을 넣어 두는 아이들을 보면 웃음이 난다. 물론 엄마도 그 마음 충분히 이해한다. 수납장에 관심을 가진 후에는 정리를 못 하던 아이들도 옷을 직접 정리하기 시작한다. 아이들에게 흥미를 주는 가구는 좋은 습관도 만들어준다는 걸 알게 되었다.

준비물

냉장고 수납 반제(다이야 놀자), 수성 스테인 옐로우(S0580-Y10R), 바니시,
목공 본드, 올드 빌리지 페인트(steeple white 175), 인형 원단(네스홈)

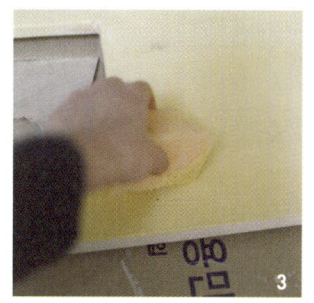

1 옆판을 눕혀 중간판, 밑판을 조립한 후 상판을 올려 드릴로 피스를 고정한 후 뒤판은 머리 없는 나무못 or 타카로 박아준다. 2 문짝과 홈바 뚜껑 손잡이를 준비한다. 3 상판과 옆판은 올드 빌리지(steeple white 175)로 칠하고 문짝은 수성 스테인 옐로우(S0580-Y10R)로, 손잡이는 화이트로 칠해준다. 4 문짝이 건조되면 몸체에 경첩을 고정시켜 준다. 5 홈바 뚜껑은 귀여운 원단으로 딱풀을 이용해 붙여준다. 6 홈바 뚜껑은 몸체 가운데에 경첩을 고정시킨 후 만들어 놓은 냉장고 전체에 바니시를 칠해준다.

오래된 쟁반으로
동물원 벽시계 리폼

어릴 적 크리스마스 전 날, 나를 부르는 아버지의 목소리에 밖으로 나가 보면 작은 앞마당에 아버지보다 더 큰 트리가 빨간 고무 대야에 심어져 있었다. 산에서 직접 구해 오신 나무에 주렁주렁 화려한 크리스마스 소품들을 매단 모습은 내 기억에도 촌스러웠는데 우리 삼남매는 마냥 좋아 비명을 질렀다. 큰 나무가 그저 신기하고 멋있었다. 아버지가 흐뭇하게 웃던 얼굴이 생각난다. 버려진 쟁반으로 만들어준 동물원 시계를 보고 아이들은 "엄마는 마술사"라며 박수 친다. 어렸을 때 내게도 아버지는 마술사였다.

준비물

버려진 사각 쟁반, 젯소, 올드 빌리지 페인트(steeple white 175), 아크릴 물감, 시계 바늘(포크 & 나이프),
무소음 무브, 우드 숫자 이니셜, 바니시, 글루건

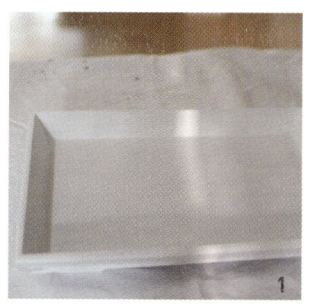  

1 버려진 쟁반은 사포로 다듬어준 후 젯소를 2회 칠해준다. **2** 젯소가 건조되면 올드 빌리지 페인트(steeple white 175)를 2회 칠해준다. **3** 페인트가 마르면 연필로 밑그림을 그려준다(원단에 담긴 그림 모방). **4** 밑그림이 끝나면 아크릴 물감으로 색칠 후 마감제 바니시를 칠해준다. **5** 드릴로 구멍을 만들어 뒷판에 시계 무브를 끼워주고 앞판에 시계 바늘(포크 & 나이프)을 시, 분, 초 순서로 끼워준다. **6** 우드 숫자 이니셜은 글루건을 이용해 붙여준다.

통통 튀는 매력적인 전자레인지 수납함

"엄마, 정말 전자레인지 같아요!" 단축키도 눌러 보는 큰 딸. "책을 넣어 두면 따뜻해지는 거 아니에요?" 엄마가 만들어주면 예쁜 관심을 보이는 아이들 때문에 리폼할 때는 항상 아이들 생각을 하게 된다. 딸아이가 좋아하는 컬러의 블루 전자레인지함은 주방용이 아닌 아이들 전용 전자레인지다. 가끔씩 들여다 보면 좋아하는 책, 비밀 일기장, 간식, 작은아이의 미니카가 들어 있다.

준비물

전자레인지 반제(굿트리), 목공 본드, 수성 스테인(도토리 색상),
벤자민 페인트(santa clara 753), 망치

1 목공 본드를 옆판에 바르고 밑판에 연결한다. **2** 중간판은 목공 본드 필요 없이 홈에 끼워주고 뒤판도 홈에 끼워 머리 없는 나무못으로 박아준다. **3** 상판은 목공 본드를 바르고 몸체 위에 올려 머리 없는 나무못으로 박아준다. **4** 미니 원뿔 사선 다리는 색 작업 전에 밑판에 피스로 고정시켜 준 후 몸체는 스펀지에 수성 스테인 도토리 색상을 묻혀 칠해준다. **5** 아크릴 문짝은 벤자민 페인트(santa clara 753)로 칠해준다. **6** 문짝은 본체에 경첩으로 고정시켜 준다.

오래된 컴퓨터 책상 리폼

연년생 아이들을 데리고 누군가의 집에서 우아하게 차를 마신다는 건 정말 꿈이었다. 그런데 아이들이 학교에 입학하면서 엄마인 나에게도 자유의 시간이 허락되었다. 이웃 언니네 집에서 차 한잔과 수다의 꽃을 피우는 짬시간이 이렇게 달콤할 줄이야! 차 한잔의 여유 속에서 눈에 들어온 낡은 컴퓨터 책상을 보고는 덜컥 집으로 가지고 왔다. 예쁘게 리폼해서 주겠다고 큰소리 뻥뻥 치면서. 보고만 있어도 미소가 번지는 컴퓨터 책상으로 리폼해주니 이웃 언니와 아이들이 무척 좋아한다. 그 모습을 보는 나도 행복하다.

준비물

목공 본드, 아크릴 물감(옐로우, 화이트, 초록),
자투리 목재, 원단, 바니시

1 책상 위에 벗겨진 화이트 시트지는 벗겨 낸다. **2** 판 위에 목공 본드를 바르고 자투리 목재는 상판 사이즈에 맞게 톱질을 하고 붙여준다. **3** 까칠한 부분이 없도록 사포로 다듬어준다. **4** 상판은 화이트, 옐로우 아크릴 물감을 칠해준다. **5** 상판 아래 자판 올려놓는 부분은 짙은 초록 아크릴 물감으로 2회 작업한다. **6** 초록 아크릴 물감이 건조되면 화이트 물감을 이용해 새 필붓으로 그림을 그려준 후 바니시를 칠해준다. 원단으로 아래 공간을 가려준다.

Tip.

페인트가 아닌 아크릴 물감을 사용해도 된다.

달달한 프레임 3단 선반 선반 옆에는 작은 의자를 배치해도 좋아요. 수납을 할 수 있는 롱 수납함을 만들어 수납과 동시에 의자로 사용해요.

귀요미 냉장고 수납장 옷 수납장 옆에는 미니 옷걸이를 배치해 자주 입는 겉옷을 걸어 두면 아이들이 스스로 옷 정리를 할 수 있어요.

통통 튀는 매력적인 전자레인지 수납함 아이들이 가지고 놀 수 있도록 손에 닿을 수 있는 공간에 두세요. 아이들 방의 소품들은 되도록이면 화사한 컬러를 권해요.

오래된 컴퓨터 책상 리폼 컴퓨터 책상 옆에 페이퍼백, 빅 패브릭 바구니를 두면 수납과 함께 잘 어울리는 소품이 돼요.

엄마가 만들어주면 예쁜 관심을 보이는 아이들 때문에 리폼할 때는 항상 아이들 생각을 하게 된다. 냉장고 수납장은 호기심 많은 아이들에게 특히 재미있는 가구다. 냉장고가 아니라는 걸 알면서도 우유, 물, 과일을 넣어 두는 아이들을 보면 웃음이 난다. 수납장에 관심을 가진 후에는 정리를 못 하던 아이들도 옷을 직접 정리하기 시작한다. 아이들에게 흥미를 주는 가구는 좋은 습관도 만들어준다는 걸 알게 되었다.

오래된 쟁반으로 동물원 벽시계 리폼 리폼해 준 벽시계가 알록달록하여 벽면은 화이트 컬러가 좋고 책상 벽면은 간단한 데코가 집중에 도움을 줘요.

퍼플이 사랑스런 침대 벽면 페인트 작업

"엄마, 친구들처럼 저도 제 방이 있었으면 좋겠어요. 동생하고 함께 사용하기 싫어요." 어느 날 아이가 하는 말이 가슴을 콕 찔렀다. 내가 아끼는 물건을 꼭꼭 숨겨 두었다가 꺼내 보는 즐거움, 좋아하는 그림도 조용히 그릴 수 있고, 엄마에게 보여주기 싫은 비밀 일기도 쓸 나이인데…엄마도 그랬었는데… 미안해, 딸! 아이가 좋아하는 퍼플 컬러로 페인트 작업을 해주고 꿈이 담긴 딸아이 방을 가꾸면서 다가올 봄을 기다려 본다.

준비물

벽지 전용 젯소, 화이트 페인트(던에드워드 DEW340), 퍼플 페인트(던에드워드 DE5991),
마스킹 테이프, 커버 테이프, 앵글 붓, 롤러 붓, 줄자

 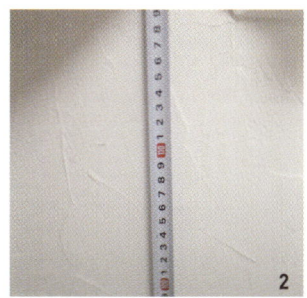 

 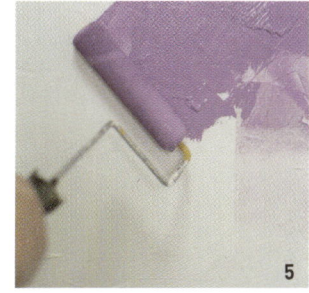 

1 페인트 작업 전 바닥은 커버 테이프를 붙이고 마스킹 테이프로 스위치 작업은 필수다. 기존 그레이 벽면을 없애주기 위해 벽지용 젯소 작업을 2회 해준다. **2** 줄자를 사용해 침대 위치를 체크하고, 페인트 작업할 위치를 표시한다. **3** 화이트 페인트 작업할 부분과 퍼플 페인트 작업할 공간을 마스킹 테이프로 경계선을 붙여준다. **4** 퍼플 페인트(DE5991)를 준비하고 페인트를 미리 잘 섞어준다. **5** 롤러 붓을 이용해 상단은 화이트 페인트, 하단은 퍼플 페인트 작업을 해준다. **6** 페인트가 건조되면 2~3회 다시 칠해주고, 페인트가 완전히 건조된 후에 마스킹 테이프를 천천히 떼어준다.

Tip.

실패할 확률이 높은 짙은 색상의 페인트로 전체 벽 작업을 하는 것은 피하는 것이 좋다. 마스킹 테이프를 사용해 다양한 벽면을 꾸밀 수 있다.

딸아이 속옷 및 소품 수납장

워낙 작은 방이어서 머릿속이 복잡해졌다. 필요한 가구는 많고 수납도 해야 하는데 공간이 턱없이 부족하다 보니 스케치북에 적고 지우고를 반복했다. 딸아이의 속옷과 스카프, 손수건, 겨울에 사용하는 머플러 장갑들을 수납할 공간이 필요해 선택한 다용도 수납장을 먼저 만들어주기로 했다. 보관은 깔끔하고 찾기는 편하게, 수납장 안에 바구니를 넣어 정리해주니 맘에 쏙 든다.

준비물

다용도 수납장 반제(다이야 놀자, 가로 70cm×세로 32cm×높이 80cm), 화이트 페인트(던에드워드 DEW340),
목공 본드, 바니시, 미니 손잡이(화이트), 다이소 바구니

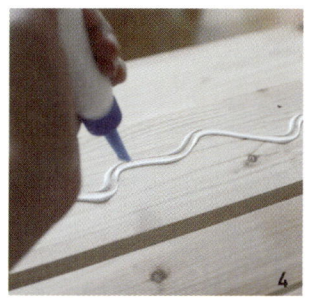  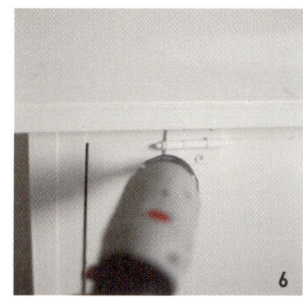

1 옆판 두 개를 나란히 놓고 상판을 올려 둘 보조목을 드릴을 이용해 고정시켜 준다. **2** 몸체 안에 중간 목재와 밑판 목재를 드릴로 꼼꼼히 연결한다. **3** 옆판에 다리가 될 보조목을 목공 본드 작업 후 피스로 고정시켜 준다. **4** 상판 보조목에 목공 본드를 바르고 상판을 올려 안쪽에서 드릴을 사용해 피스를 고정시켜 준다. **5** 몸체와 문짝 4개 모두 화이트 페인트로 칠해준다. **6** 화이트 손잡이와 경첩을 고정시켜 준다.

좁은 방에 잘 어울리는 책상

16년 전 언니와 함께 사용했던 방에는 다리가 짧은 앉은뱅이책상이 있었다. 그 책상이 좋았던 이유는 책상 앞에 앉으면 손바닥을 펴서 가릴 수 있는 아주 작은 창이 있었기 때문이다. 작은 창문이지만 사계절이 담긴 하늘, 호두가 주렁주렁 열린 호두나무, 큰 나뭇잎 사이로 들어오는 햇빛이 참 예쁘고 좋았다. 어머니가 하얀 천에 수놓은 책상보도 그립다. 잘 간직할 걸 그랬다. 시간이 흐르니 모든 것이 그립다. 딸아이의 책상을 만들면서 낡고 낡아 반질반질했던 앉은뱅이책상이 보고 싶어진다.

준비물

책상 반제 (굿트리) 가로 86.5cm×세로 49cm×높이 72cm, 화이트 페인트(던에드워드 DEW340),
블랙 페인트(던에드워드 DEA187), 아크릴 물감 (핑크), 목공 본드, 바니시

 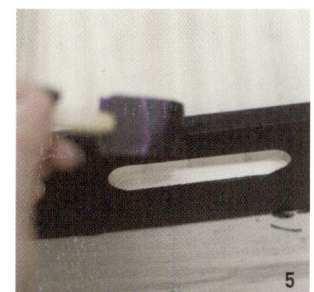 

1 책상 상판의 좌우에 인서트 너트(8개)를 끼워준다. **2** 튀어나온 너트에 맞춰 다리를 끼워 볼트를 넣어 드릴로 조여준다. **3** 책꽂이를 다리의 아래 부분에 맞춰 나사를 조여준다(다리에는 가공된 나사 구멍이 있다). **4** 책꽂이까지 작업하면 책상을 세워 전체적으로 화이트 페인트 작업을 해준다. **5** 책상에 들어 갈 서랍은 블랙, 핑크, 블랙 순서로 페인트칠을 해준다. **6** 책상 상판, 서랍은 바니시를 3회 칠해준다.

창고 문은
아이들 그림 도화지

딸아이를 보면 나의 어릴 적 모습이 배어 있어 깜짝 놀랄 때가 많다. 예쁜 그림을 보면 틈틈이 따라 그리고, 보물 상자에 모아 두면서 그림 그리는 게 너무 좋다고 말한다. "엄마도 그랬었어. 어릴 적 엄마의 보물 1호는 그려 놓은 그림들이었지. 엄마는 그림 그리는 게 세상에서 가장 행복했단다"라고 속삭인다. 딸아이에게 큰 도화지를 선물해주고 싶어서 창고 문에 칠판 페인트 작업을 했다. 아이들과 함께하니 이 또한 예쁜 추억이 될 것이다.

준비물

젯소, 블랙 칠판 페인트(던에드워드), 커버 테이프, 마스킹 테이프,
롤러 붓, 심플 블랙 손잡이, 분필, 우드 핸드믹서

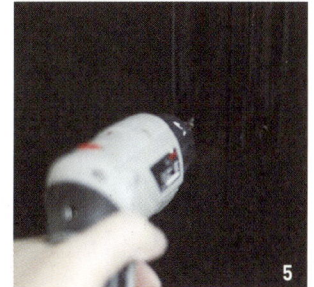

1 기존에 작업한 창고 문의 소품을 떼어 내고 천으로 오염 물질을 닦아준 후 젯소를 2회 칠해준다. **2** 젯소가 완전히 건조되면 블랙 칠판 페인트를 준비하고 우드 핸드믹서를 이용해 섞어준다. **3** 스펀지 롤러 붓을 이용해 꼼꼼히 칠해준다. **4** 칠판 페인트가 건조되면 2회 더 칠해준다. **5** 블랙 칠판 페인트와 동일한 블랙 손잡이를 창고 문에 고정시켜 준다. **6** 도화지가 된 창고 문에 그리고 싶은 그림을 분필로 그려준다.

Tip.
칠판 페인트에 분필을 사용한 후 꼭 지우개가 아니어도 젖은 천으로 닦아도 깨끗해진다.

러블리 꽃 볼 만들기

운동회 때 사물놀이 준비물로 한지 모자를 만들고 예쁜 꽃 볼을 달아준 기억이 난다. 어머니가 멀리서도 금방 알아봐야 한다면서 큰 꽃 볼을 달아준 기억은 지금도 생각하면 웃음이 난다. 큰 꽃 볼은 머리를 흔들 때마다 대롱대롱 불편했지만 큰 꽃 볼 때문인지 어머니는 많은 아이들 틈 속에서도 나를 빨리 찾아 사진을 찍어주셨다. 그때의 기억을 더듬어 사랑스런 꽃 볼을 만들어보고 싶었다. 화사한 봄이 딸아이 방을 노크할 때면 풍성한 꽃송이가 더욱 사랑스럽다.

준비물
한지(화이트, 민트, 핑크) 4장, 가위,
낚싯줄, 압정, 실, 바늘

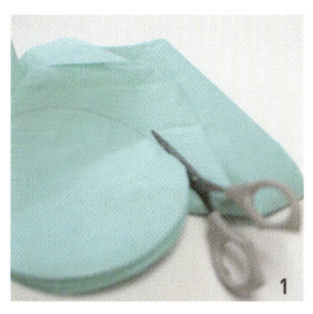  

1 한지는 지름 12cm, 지름 9cm 동그랗게 각 12장을 오려 준비한다. **2** 반으로 접고 마주 보게 다시 한 번 접어 그림처럼 접어준다. **3** 끝은 꽃잎처럼 가위로 오려준다. **4** 4장씩 접은 한지는 마주 보게 가운데를 꿰매고 또 4장씩 마주 보게 꿰맨다. **5** 먼저 한지 안쪽을 구겨주고 두 번째 한지와 세 번째 한지 순서로 구겨준다. **6** 손으로 꽃 모양이 되도록 예쁘게 만져주고 낚싯줄을 걸어준다.

딸아이를 보면 나의 어릴 적 모습이 배어 있어 깜짝 놀랄 때가 많다. 예쁜 그림을 보면 틈틈이 따라 그리고, 보물 상자에 모아 두면서 그림 그리는 게 너무 좋다고 말한다. "엄마도 그랬었어. 어릴 적 엄마의 보물 1호는 그려 놓은 그림들이었지. 엄마는 그림 그리는 게 세상에서 가장 행복했단다"라고 속삭인다. 딸아이에게 큰 도화지를 선물해주고 싶어서 창고 문에 칠판 페인트 작업을 했다. 아이들과 함께하니 이 또한 예쁜 추억이 될 것이다.

딸아이 속옷 및 소품 수납장 작은 방의 큰 가구들은 바꾸는 일이 드물기 때문에 오래 보아도 질리지 않는 화이트 컬러를 선택하는 것이 좋아요.

러블리 꽃 볼 만들기 소소한 소품이라도 컬러에 따라 분위기가 많이 달라진답니다. 생동감을 주기에 충분한 꽃 볼은 간단하게 만들 수 있는 리폼이에요.

퍼플이 사랑스런 침대 벽면 페인트 작업 침대가 있는 벽면은 위험하지 않은 소품을 활용하고, 무겁고 버거운 소품은 피해주세요. 심플한 선반과 엽서 또는 무겁지 않은 캔버스 액자도 좋아요.

창고 문은 아이들 그림 도화지 창고 문을 블랙으로 리폼해 창틀은 화이트, 블랙 시트지로 통일감을 주고, 창고 문과 잘 어울리는 커튼을 선택하면 방 분위기가 달라져요.

좁은 방에 잘 어울리는 책상 책상 위치와 높이를 고려해 함께 놓으면 좋은 가구는 책상보다 사이즈가 작은 가구들이에요. 그래야 문을 열었을 때 답답함이 없어요.

미니 화장대로 변신한 협탁

앞머리를 짧게 자르면 엄마 눈엔 너무 귀여운데 친구들이 놀린다면서 학교 가기 싫다고 투덜투덜하는 딸의 모습에 웃음이 난다. 짧은 앞머리를 탓하는 예쁜 딸을 보며 그새 많이 컸다는 생각이 든다. 그래도 엄마는 귀엽고 예쁘기만 한데 눈꼬리는 내려가고 입은 삐죽삐죽 엄마는 웃음을 참아 본다. 작은 방에 화장대는 너무 벅차 목록에서 뺐었는데 하루하루 예쁘게 성장하는 딸아이에게 미니 화장대는 꼭 필요했다. 협탁아, 오늘부터 넌 협탁이 아니라 예쁜 딸 화장대하자!

준비물

협탁 반제(굿트리), 화이트 페인트(던에드워드 DEW340), 스펀지 붓,
패브릭(네스홈), 딱풀, 바니시, 아크릴 소재 구름 거울

1 협탁 반제를 준비하고 서랍은 빼준다. **2** 협탁 몸체를 스펀지 붓에 화이트 페인트를 묻혀 2회 칠해준다. **3** 화이트 협탁이 밋밋해 보일 수 있는 서랍은 딱풀을 사용해 예쁜 원단을 붙여준다. **4** 서랍과 몸체에 바니시를 2회 칠해준다. **5** 아크릴 소재의 구름 거울을 준비한다. **6** 함께 동봉된 양면테이프를 구름 거울 뒷면과 벽면에 붙여준 후 비닐 커버를 벗겨준다.

Tip.

아이 방에 거울은 위험할 것 같아 아크릴 소재의 거울을 사용했다.

홍삼 박스로
낡은 분위기 나는 필통 리폼

투박함 속에는 익숙함이 묻어나 정겹다. 아빠가 만들어주신 보물 상자는 세련된 멋은 없었지만 아버지의 정성이 들어간 느낌이 고스란히 배어 있어 좋았다. 드르륵 미닫이문이 생각나는 홍삼 박스는 그리운 추억을 불러오기에 충분하고 아이들에게 그 낡은 느낌을 전해주고 싶었다. 오래된 물건도 곁에 둘 수 있는 따뜻한 마음으로 세상을 봤으면 하는 바람으로 모아 둔 홍삼 박스를 활용해 필통을 만들었다.

준비물

홍삼 박스, 종이 인형, 인형 원단(꾸밈 디자인),
페인트 or 아크릴 물감, 수성 스테인, 붓, 바니시

1 여러 개의 홍삼 박스를 준비한다. 2 뚜껑을 당겨 몸체와 뚜껑을 분리시켜 준다. 3 옐로우, 화이트, 스테인을 홍삼 박스 전체에 칠해준다. 4 페인트 or 물감이 마르면 종이 인형 또는 예쁜 원단을 오려 준비한다. 5 준비한 예쁜 그림은 딱풀을 발라 붙여준다. 6 낡은 표현을 하고 싶어 커터 칼과 사포로 부분 부분 벗겨 낸다.

Tip.
홍삼 박스는 생활에 유용하게 사용된다.
아이들 문구류 보관이나 주방에서는
수저 보관함으로도 사용할 수 있다.

귀요미 냉장고 수납장 리폼

딸아이 방을 새로 꾸며주면서 기존에 예쁘게 사용하던 가구가 안 어울린다는 생각이 들었다. 그냥 사용할까? 나의 시선은 냉장고 수납장으로 고정된다. 눈에 가시처럼 거슬려서 안 되겠다 싶었다. 손이 번거로워도 리폼을 해주기로 마음을 먹으니 벌써부터 완성한 기분이 든다. 창고 문 칠하고 남은 블랙 칠판 페인트로 리폼해주니 책상하고도 잘 어울린다. 새로운 가구를 들인 기분이 드는 것이 바로 리폼의 맛이다.

준비물

젯소, 그레이 페인트(조색),
칠판 페인트(던에드워드), 분필

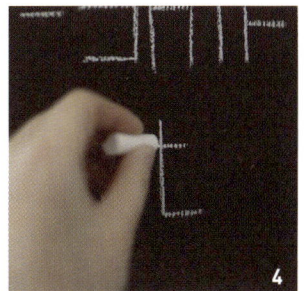

1 문짝과 손잡이를 모두 떼어 낸 후, 몸체와 문짝은 젯소를 먼저 2회 칠해주고 몸체는 조색한 그레이 페인트를 칠해준다. **2** 문짝은 젯소가 건조되면 블랙 칠판 페인트를 2회 칠해준다. **3** 문짝에 칠해준 칠판 페인트가 완전히 마르면 몸체에 문짝을 달아주고 손잡이까지 작업한다. **4** 분필을 이용해 원하는 글씨를 써준다.

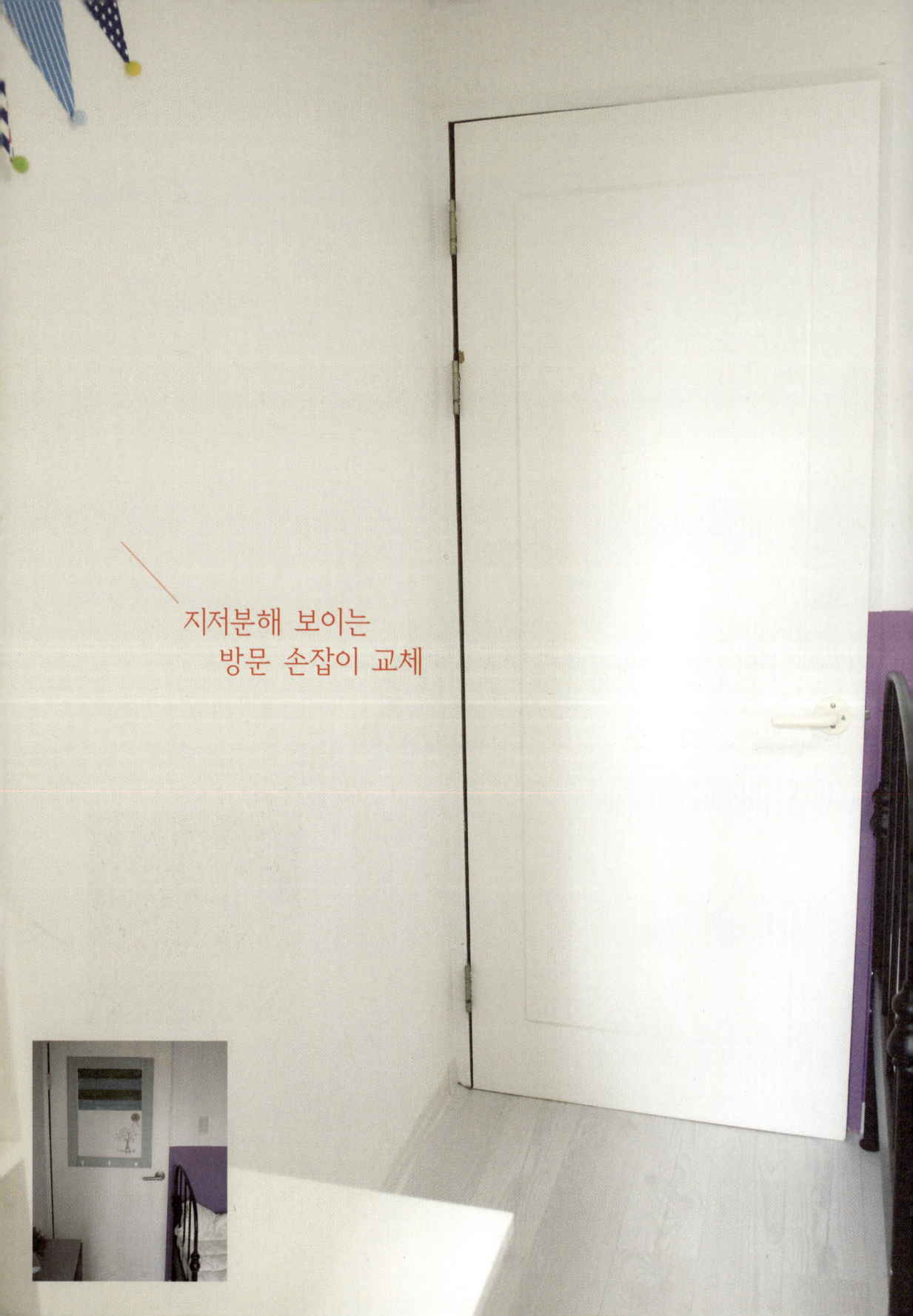

지저분해 보이는
방문 손잡이 교체

기존에 리폼했던 작업을 제거하고 다시 새롭게 만드는 것이 큰 과제라는 것은 집을 꾸미면서 몸이 터득하게 된 눈물겨운 소중한 경험이다. 오래 전에 작업해준 아이들 방문 역시 다시 작업하려고 보니 허탈한 웃음이 나오는 이유다. 작업을 할 때는 항상 마지막일 거라고 생각하기 때문에 오늘 같은 날이 올 줄은 생각도 못 한다. 몸이 고생이라고 할지 모르지만 재리폼 역시 나를 설레게 한다. 방문아, 기다려! 깔끔한 옷으로 갈아입혀 줄게.

준비물

마스킹 테이프, 커버 테이프, 미송 합판(두께 4.8cm, 폭 57.5cm×길이 171cm),
화이트 페인트(던에드워드 DEW340), 크레용 TP-150, 아이보리 방문 손잡이, 타카

 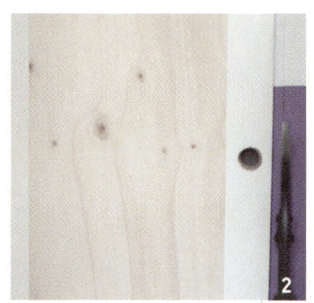 

1 기존에 붙여준 목재는 망치와 끌 헤라를 사용해 제거하고 방문 손잡이도 드라이버로 피스를 풀어 빼준다. **2** 기존에 붙여준 본드가 지저분하게 방문에 남아 있어 미송 합판(폭 57.5cm×길이 171cm)을 주문하고, 문에 본드를 바르고 합판을 붙여준 후 타카로 꼼꼼히 박아준다. **3** 화이트 페인트로 2회 깔끔하게 칠해준다. 손잡이 교체를 위해 새 래치를 안에 넣어줄 때 잠금 장치가 있는 튀어 나온 부분이 방 안쪽이 되도록 설치한다. **4** 손잡이 구성품을 끼워준다. OUT, IN으로 표시가 되어 있어 어렵지 않다. **5** 두 레버를 서로 꼭 맞게 조립하고 피스로 고정시켜 준다. **6** 래치 고정판을 끼워 조립해 피스로 고정시켜 준다.

종이 상자로 만든 가방

아이 방 청소를 하던 중 큰 상자를 발견해 뚜껑을 열어 보니 딸아이의 수첩들로 가득하다. 언제 사준 건지 기억도 가물가물한 수첩이다. 눈물 뚝뚝 흘리면서 졸라서 구입해 바구니에 넣은 수첩도 눈에 들어오고 거의 사용하지 않은 수첩들도 많다. 모아 둔 수첩 보는 것만으로도 행복했을 예쁜 나이다. 가을 햇살이 참 예뻤던 날, 수첩 보관하는 상자도 딸아이 마음처럼 예뻤으면 좋겠다. 엄마의 마음이 담긴 종이 상자로 예쁜 가방을 만들어 선물했다. 핑크색 손잡이가 사랑스런 종이 가방을 보면 딸아이도 좋아하겠지?

준비물

두꺼운 종이 상자, 딱풀, 무지 화이트 원단, 동물 컷트지(꾸밈 디자인),
가죽 손잡이 or 사용 안 하는 가방끈, 경첩, 가방 걸고리, 자투리 미니 목재

 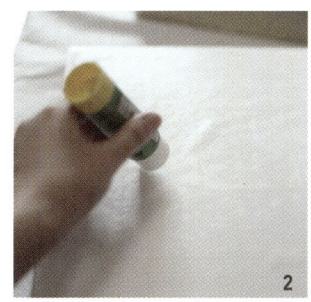 

 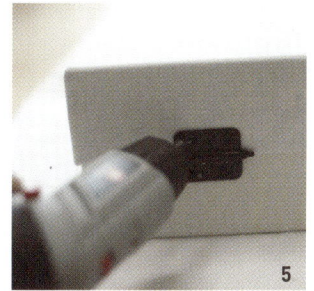 

1 준비된 상자 위에 화이트 종이를 붙여준다(종이 상자 위에 새겨진 글씨 비침 방지). **2** 붙인 종이 위에 딱풀을 꼼꼼히 바른다. **3** 딱풀을 바른 종이 위에 무지 화이트 원단을 붙여준다. **4** 상자 앞부분이 될 부분에 동물 컷트지를 딱풀로 붙여주고 다리미로 다려준다. **5** 속상자를 0.3~0.5cm만 넣어 경첩을 고정시켜 줄 때 상자가 힘이 없기 때문에 안쪽에 자투리 미니 목재를 덧대고 피스로 고정시켜 준다. **6** 가방 열림을 방지하기 위해 가방 걸고리, 경첩, 손잡이 고정도 5번과 같은 방법으로 고정시켜 준다.

Tip.

딱풀로 원단을 붙이고 다리미로 다려주면 더 단단해져 오래 사용할 수 있다. 또 경첩, 손잡이, 가방 걸고리 작업 시 종이 상자 안쪽에 자투리 목재를 덧대어 주면 튼튼하다.

딸아이 방을 새로 꾸며주면서 기존에 예쁘게 사용하던 가구가 안 어울린다는 생각이 들었다. 그냥 사용할까? 하지만 나의 시선은 냉장고 수납장으로 고정된다. 손이 번거로워도 리폼을 해주기로 마음을 먹으니 벌써부터 완성한 기분이 든다. 창고 문 칠하고 남은 블랙 칠판 페인트로 리폼해주니 책상하고도 잘 어울린다. 새로운 가구를 들인 기분이 드는 것이 바로 리폼의 맛이다.

미니 화장대로 변신한 협탁 협탁을 화장대로 사용해 자칫 밋밋할 수 있지만 소품을 이용하면 작은 소가구가 사랑스럽게 변합니다. 요즘은 예쁜 스타일의 거울을 쉽게 구할 수 있어 거울로 포인트를 주세요.

귀요미 냉장고 수납장 리폼 헌 가구를 리폼할 경우 주위에 있는 가구를 검토한 후에 컬러 선택을 하면 실패 확률이 적어요. 책상 옆에 두는 가구라면 차분한 컬러를 권해요.

지저분해 보이는 방문 손잡이 교체 방문 컬러와 누가 사용하는 방이냐에 따라 손잡이 선택이 중요해요. 화이트 문은 손잡이 선택이 가장 편한 컬러이고 옐로우 문은 블랙 손잡이, 파스텔 컬러의 문은 화이트 손잡이를 추천해요.

종이 상자로 만든 가방 가방 안에 수첩뿐 아니라 색종이 가위, 풀, 스티커 보관도 가능해서 책상 아래에 두면 좋아요.

홍삼 박스로 낡은 분위기 나는 필통 리폼 리폼이 서투르면 아이와 함께 아크릴 물감으로 칠한 후 예쁜 그림을 붙여줘도 아이들이 자랑하고픈 필통이 될 수 있어요.

택배 상자로 액자 만들기

Tip.
패브릭을 택배 상자에 씌어줄 때 핀을 90도가 아닌 45도로 비스듬히 꽂으면 단단히 고정이 된다.

예쁜 원단을 보면 쟁여 놓는 것이 나의 오랜 습관이다. 화이트 벽에 익살스런 느낌을 고스란히 담아 내는 액자를 만들고 싶어서 서랍에서 원단을 꺼내 왔다. 그리고 버리려고 내놓은 택배 상자를 다시 주워 왔다. 리폼한 택배 상자를 벽에 거는 순간 "예쁘다!" 미소가 입안 가득 번지는 순간이다.

준비물
아이 방에 잘 어울리는 원단(리얼 패브릭), 화이트 페인트,
택배 상자, 핀, 포장 끈, 연필, 자, 커터 칼

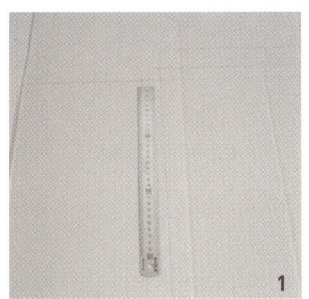  

1 택배 상자를 펼치고(원단 사이즈, 가로 32cm×세로 45cm), 접히는 부분은 양 옆면 3cm, 16cm 위, 아래 접히는 부분 3cm, 4cm 자를 이용해 정확히 그려준다. **2** 필요 없는 부분은 커터 칼로 정리하고 상태가 좋은 안쪽이 밖으로 나오도록 주의한다. 접어줄 때 상자가 두꺼우니 연필 or 자를 이용해 누르면서 접어준다. **3** 양 옆면을 접을 때는 한쪽 면은 홈을 만들어 주고 반대쪽 옆면은 홈에 넣을 수 있는 부분을 만들어 끼워준다. **4** 같은 방법으로 한 개를 더 만들어주고 앞면은 화이트 페인트 작업을 미리 해준다. **5** 만든 상자에 준비한 원단을 씌워줄 때는 원단을 당겨 가면서 핀은 45도 비스듬하게 꽂아준다. **6** 벽에 걸 수 있도록 상자 뒷면에는 포장끈으로 걸고리를 만들어 벽에 걸어준다.

어린 왕자 수납함으로 변신한 공간 박스

"별들은 아름다워. 보이지 않는 한 송이 꽃 때문이야. 사막이 아름다운 것은 어딘가에 샘을 감추고 있기 때문이야."
어린 왕자에 나오는 대사가 떠오른다. 좋아하는 어린 왕자 책을 공간 박스에 담는 모습을 보면서 딸아이가 궁금해한다. "엄마가 좋아하는 책이야. 너에게 선물하는 거야." 엄마처럼 어른이 되어도 곁에 두고 싶은 책이 되었으면 좋겠다.

준비물
공간 박스, 합판, 자투리 목재, 경첩, 머리 없는 나무못 손잡이, 목공 본드
화이트 페인트, 아크릴 물감, 바니시, 바퀴 4개, 영문 레터링지

1 자투리 목재를 공간 박스 사이즈에 맞게 톱질해서 준비한다(뚜껑 만들기). **2** 만들어 놓은 뚜껑과 공간 박스는 젯소 2회, 화이트 페인트 2회 칠해준다. **3** 두께 4.8cm 합판을 공간 박스 앞면 사이즈에 맞게 톱질한 후 어린 왕자를 그려주고 아크릴 물감으로 칠한다. **4** 공간 박스 앞면에 목공 본드를 바르고 완성된 합판을 붙여 머리 없는 나무못으로 박아준다. **5** 영문 레터링지로 단어를 새긴 후 바니시를 2회 칠해준다. **6** 본체와 문짝은 경첩으로 고정시켜 주고 손잡이와 바퀴 4개를 고정시킨다.

풍선을 이용해 만든 볼 모빌

겨울이 오면 유난히 베란다가 시리다. 들락날락하던 아이들 발길도 뚝 끊긴다. 베란다에 둔 좋아하는 책도 살살 방 안으로 옮겨 온다. 봄, 여름, 가을에는 더 없이 인기만점 아지트 공간인 베란다가 겨울이 오면 이렇게 썰렁해진다. 그래서 차가운 베란다에 봄 선물을 미리 하고 싶었다. 포근한 털실로 볼 모빌을 만드니 동글동글 베란다가 귀엽고 포근해졌다. 학교에서 돌아온 아이들 표정을 상상하니 언제 오나 자꾸 기다려진다.

준비물

풍선, 털실(문방구용), 밀가루 풀, 낚싯줄

1 풍선은 원하는 크기로 다양하게 불어 풍선 꼭지를 묶은 후 풍선 모양대로 실을 감아준다. **2** 대각선으로 돌려주고 위아래로 감아주는 반복을 하고 매듭은 털실 사이에 끼워준다. **3** 양끝에 의자를 놓고 끈을 묶어 털실을 감아준 풍선을 매단다. **4** 밀가루는 물에 먼저 잘 풀어준 후 냄비에 물이 끓으면 풀어준 밀가루를 넣고 주걱으로 눌지 않도록 천천히 저어준다. **5** 밀가루 풀을 식힌 후 붓을 사용해 풍선에 골고루 듬뿍 발라 하루 정도 충분히 건조시킨다. **6** 꾸둑꾸둑 단단하게 건조가 되면 안에 있는 풍선을 터뜨려 털실 사이로 터진 풍선을 빼준다.

Tip.

풍선을 감아준 털실은 밀가루 풀을 많이 바를수록 단단해져 풍선 모습을 고스란히 담을 수 있다. 털실 안에 있는 풍선을 터뜨릴 때는 풍선 꼭지를 잘라주는 게 찌그러짐이 적다.

침대 아래 넉넉한 수납함 만들기

눈이 내리는 날 목도리를 목에 칭칭 두르고 털 장갑 끼고 손에는 드릴 하나 들고 아파트 단지를 순찰한다. 이사 가는 사람도 이사 오는 사람도 없는 날에는 버려진 장롱은커녕 내놓은 가구도 없으니 참 슬프다. 한숨 쉬며 뒤돌아 걷는데 어슬렁어슬렁 눈 산책 나온 고양이의 모습에 발길을 멈춘다. 털 위엔 하얀 눈이 벌써 소복한데 느긋하게 걸어가는 고양이는 무슨 생각을 할까? 버려진 장롱 서랍을 못 구해 시무룩했는데 느긋하게 생각하기로 했다. 버려진 장롱 서랍이 눈에 띄었으면 더없이 좋았겠지만 수납이 부족한 아이 방에 넉넉한 수납함을 손수 만들어주자.

준비물

수납함 2개 만들 시 목재 (뒤판, 앞판 두께 1.5cm, 폭 21cm×길이 63cm 4개, 옆판 폭 21cm×길이 70cm 4개, 밑판 가로 66cm×세로 73cm 2개) 화이트 페인트 (던에드워드 DEW340), 바퀴 8개, 액세서리 정리 스티커, 목공 본드, 충전 드릴

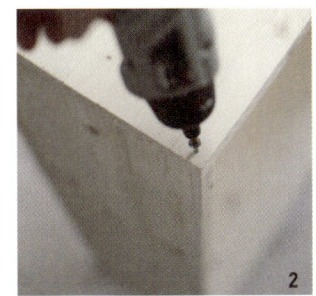

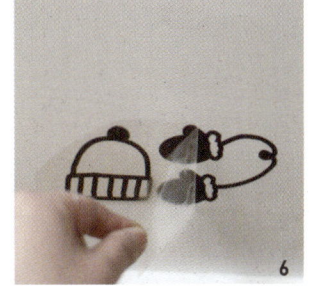

1 절단 주문한 목재를 정확히 확인한 후 피스 작업할 옆판 네 곳에 드릴을 이용해 피스 구멍을 만들어준다. **2** 앞판과 뒤판은 목공 본드를 바르고 구멍을 미리 만들 옆판에 피스 작업해준다. **3** 가로 63cm×세로 70cm×높이 21cm 사각틀이 완성된다. **4** 밑판을 올려 똑같은 방법으로 드릴로 피스 구멍을 만들어 피스 작업을 하고 밑판 네 곳에 바퀴를 고정시켜 준다. **5** 던에드워드 화이트 페인트는 스펀지 붓에 묻혀 2회 칠해준다. **6** 페인트가 완전히 건조되면 액세서리 정리 스티커로 마무리한다.

Tip.

버려진 장롱 서랍에 바퀴를 고정시켜 주면 침대 아래 수납 서랍으로 좋다. 침대 아래 공간을 잰 후 목재를 주문할 경우 바퀴 높이를 참고해 주문한다.

침대 전용 조명 만들기

Tip.
중간 스위치는 손이 닿는 위치를 염두해 작업한다. 또 조명 갓이 플라스틱 소재라 일반 전구보다는 LED 전구를 선호한다.

"엄마! 나 잠들면 불 꺼주세요." 유난히 겁이 많은 딸은 아늑한 것을 좋아해 곁에 쿠션을 많이 두어야 하고 또 좋아하는 뭔가를 껴안고 자는 버릇이 있다. 아침이면 침대 아래로 다 떨어져 있는 인형, 쿠션들. 껴안고 자는 것도 자주 바뀌는데 요즘은 니트로 만들어준 구름 쿠션을 껴안고 잔다. 잘 준비를 다 하면 엄마가 잊을까 무서워 오늘도 엄마를 크게 부른다. 침대 위에 중간 스위치 조명을 만들어주자 "엄마" 부르는 일이 없어졌다. 엄마는 버릇이 되어 오늘도 딸이 잠들 무렵 들여다 보게 된다. 굿나잇 딸, 좋은 꿈 꿔!

준비물

중간 스위치 전선(블랙) 길이 150cm~160cm, 연결해 줄 전선(블랙), 전선 테이프, 소켓,
플라스틱 통, 패브릭, 딱풀, LED 전구, 충전 드릴

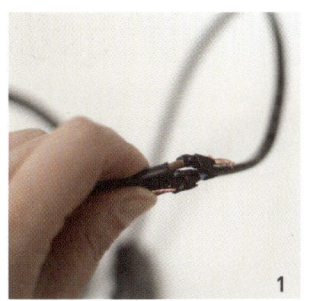 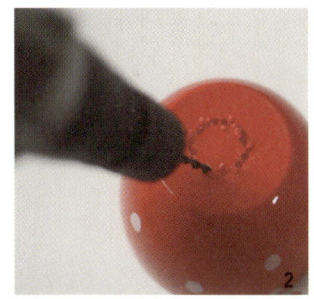 

1 중간 스위치 길이가 짧아 연결해 줄 전선을 준비해 피복을 벗겨 2개의 구리 선을 각각 같은 색끼리 연결하고 붙지 않도록 나눠 전선 테이프로 말아준다. **2** 전구 크기보다 큰 플라스틱 통을 준비하고 통 위에 소켓을 올려 동그라미를 그려 드릴로 동그랗게 구멍을 내준다. **3** 구멍이 뚫린 부분을 불을 이용해 다듬어주고 사포로 정리한다. **4** 플라스틱 통에 딱풀을 꼼꼼히 바르고 준비한 원단을 붙여준 후 소켓이 들어갈 윗 부분은 칼로 십자가를 만들어준다. **5** 소켓 뚜껑을 열어 중간 스위치 전선을 같은 방법으로 피복을 벗겨 2개의 구리 선을 각각 소켓에 연결한다. **6** 플라스틱 통에 소켓을 위에서 아래로 넣은 후 안쪽에서 LED 전구를 돌려 끼워준다.

풍선을 이용해 만든 볼 모빌 풍선 모빌 사이즈가 제법 커서 아이가 많이 사용하는 방보다는 베란다 공간을 권하고요. 공간을 미리 생각해서 털실 컬러를 고려해 만들어주세요.

택배 상자로 액자 만들기 액자 선택은 공간 선택과 벽면의 컬러를 고려해 벽면과 가구 모두 잘 어울리는 것으로 선택해야 합니다. 유리 소재보다 캔버스, 우드 액자가 좋아요.

예쁜 원단을 보면 쟁여 놓는 것이 나의 오랜 습관이다. 화이트 벽에 익살스런 느낌을 고스란히 담아 내는 액자를 만들고 싶어서 서랍에서 원단을 꺼내 왔다. 그리고 버리려고 내놓은 택배 상자를 다시 주워 왔다. 리폼한 택배 상자를 벽에 거는 순간 "예쁘다!" 미소가 입안 가득 번지는 순간이다.

침대 아래 넉넉한 수납함 만들기 철 지난 옷을 보관하기 좋은 침대 아래 수납함은 바퀴가 팁! 블랙 침대와 어울리는 화이트와 블랙 레터링지, 반대로 블랙 컬러와 화이트 레터링지도 오케이!

침대 전용 조명 만들기 전기선 만지는 게 겁이 나면 벽에 부착하는 미니 램프도 쉽게 구입 할 수 있어요. 아니면 침대 옆에 작은 협탁을 두고 스탠드, 혹은 미니 동물 램프도 추천해요.

어린 왕자 수납함으로 변신한 공간 박스 이동이 편하게 바퀴를 달아 책상 아래, 수납장 옆에 두고 공간 박스 앞면에는 그림, 스텐실, 레터링지를 꾸미거나 공간 박스에 화사한 컬러로 페인트칠하면 아이 방에 잘 어울려요.

머핀 판과 테이크 아웃 컵이 만나
문구류 정리 OK

아이들이 사용하는 문구들은 발이 달려 오늘도 아이들과 매번 똑같은 숨바꼭질을 한다. "엄마 풀 찾아주세요. 지금 만들기 해야 하는데 가위가 안 보여요. 지훈이가 사용하고 어디에 둔 걸까요? 아니요, 엄마 누나가 어제 사용했어요. 제가 봤어요!" 또 시작이구나. 문구류 숨바꼭질은 언제쯤 끝이 나려나! 문구들에게 통 크게 집 한 채씩 마련해주기로 한다. 책상 옆에 두니 예쁨 받는 문구류 수납함이 되고, 투명해서 더 예쁘다. 엄마의 경고, 요것들아! 이제 문구류로 엄마 찾는 일은 없길 바람. 엄마백.

준비물

머핀 판 6구, 테이크 아웃 컵 6개,
자석(지름 2cm) 12개

1 머핀 판 6구 안에 각 지름 2cm 자석을 1개씩 붙여준다. **2** 테이크 아웃 컵 안에 지름 2cm 자석을 넣어준다. **3** 자석을 넣을 컵은 머핀 판 안에 넣으면 자석들이 붙는 느낌이 난다. **4** 같은 방법으로 컵 6개를 머핀 판에 넣는다. **5** 머핀 판을 뒤집어도 테이크 아웃 컵이 떨어지지 않는다. **6** 테이크 아웃 컵 안에 문구류(연필, 사인펜, 풀, 가위, 집게 등)를 분류해 넣어준다.

뭉게뭉게 구름 모빌 만들기

겨울 날씨 답지 않게 포근하더니 빗방울이 똑똑 떨어지던 날, 딸아이가 말했다. "단이는 오늘도 바쁘겠다. 신호등, 개미, 새, 민들레 우산 씌어주느라고." "무슨 말이야?" 하고 물으니 "엄마 단이 기억 안 나요?" 반문한다. 기억을 더듬더듬 떠올려 본다. 딸아이가 6살 때 만났던 '야, 비온다'라는 책은 아이가 매일매일 펼쳐 보던 아끼는 책이다. 워낙 좋아했던 책이라 꽤 오랫동안 기억하는 것이다. "비가 그쳐도 저 위엔 무지개 우산이 있잖아 엄마." 우리 둘은 마주 보고 웃었다. 딸아이와 뭉게뭉게 구름에서 무지개 비가 내리는 모빌을 만들고는 동심으로 룰루랄라.

준비물
볼 스티로폼(지름 10cm) 6개, 이쑤시개, 글루건, 쿠션 솜,
퐁퐁이, 실과 바늘, 핀, 컵 후크, 낚싯줄, S고리

1 볼 스티로폼에 이쑤시개를 꽂아준다. **2** 같은 방법으로 볼 스티로폼 5개를 이어준다. **3** 1개는 커터 칼로 반으로 나눠준다. **4** 반으로 나눈 볼 스티로폼은 이쑤시개를 이용해 구름 모양이 되도록 꽂아준다. **5** 볼 스티로폼에 글루건을 묻혀 쿠션 솜을 뜯어 자연스럽게 구름 모양이 되도록 붙여준다. **6** 퐁퐁이는 바늘을 이용해 빗방울을 만들고 핀을 이용해 스티로폼에 꽂아준다.

작은 책상의 짝꿍, 미니 책꽂이 만들기

Tip.
사용감이 많아 금방 지저분해지는
아이방 가구들은 바니시 작업이 필수다.

딸아이에게 작지만 실속 있는 예쁜 책상을 만들어주다 보니 욕심이 생긴다. 단짝 친구가 있듯이 책상도 짝꿍을 만들어주면 딸아이도 편하겠다 싶어서 끄적끄적 종이 위에 도면을 그려본다. 미니지만 아래 공간 사용도 오케이, 책꽂이로도 오케이. 엄마표 맞춤형 책꽂이가 탄생하는 오늘을 딸아이 방에 추억으로 남겨 본다.

준비물

두께 1.5cm 스프러스 집성목, 톱, 목공 본드,
충전 드릴, 화이트 페인트(던에드워드 DEW340), 바니시

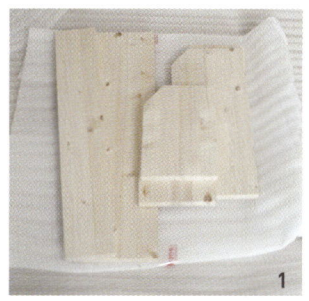  

 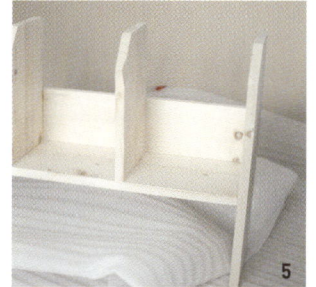 

1 두께 1.5cm 스프러스 집성목 밑판(폭 17cm×길이 60cm) 1개, 옆판(폭 17cm×길이 40cm) 2개, 가운데 판(폭 15.5cm×길이 23.5cm) 2개, 뒤판(폭 10cm×길이 60cm) 2개를 톱으로 잘라 준비한다. **2** 옆판 2개를 준비하고 15cm 표시한 후 드릴로 피스 구멍을 뚫어준다. **3** 표시해 둔 옆판 15cm 구멍을 뚫어준 곳에 목공 본드를 바르고 밑판을 피스로 고정시켜 주고 같은 방법으로 가운데 판도 고정시켜 준다. **4** 준비한 2개의 뒤판도 같은 방법으로 피스가 들어 갈 구멍을 뚫어주고 피스로 고정시켜 준다. **5** 가운데 판을 옆판보다 폭이 1.5cm 작게 톱질해 준 이유는 뒤판을 넣어 고정시켜 주기 위해서다. **6** 뒤판 1개도 같은 방법으로 고정시켜 주고 화이트 페인트로 칠한 후 바니시는 3회 칠해준다.

반짝반짝
예쁜 방문 꾸미기

예쁜 공간에서는 예쁜 생각을 하지 않을까? 엄마의 착각일지도 모르지만 작은 방에서 보내는 시간만큼은 그림도 공부도 생각도 봄처럼 예뻤으면 좋겠다. 방문을 보면서 "내 방안에 작은 집이 또 있네!" 하면서 방문이 동화책 속 같다며 좋아하는 아이들. 그 문에서 토끼나 강아지가 나오면 좋겠다며 낄낄댄다. 엄마가 안 된다고 하는 강아지가 나오는 모습을 상상하면서 엄마의 표정을 그려보는 것 같다. 오늘도 엄마가 꾸며준 공간에서 딸아이는 새로운 이야기를 만들고 있다.

준비물
마스킹 테이프(블랙), 예쁜 포장지, 핑킹 가위,
포장 끈, 스카치 테이프, 꼬마 전구

1 마스킹 테이프(블랙)로 집 모양이 되도록 조심스레 붙여주고 굴뚝도 붙여준다. **2** 다양한 포장지 위에 동그라미 32개를 그려준다. **3** 그려준 포장지는 핑킹 가위로 오려 준비한다. **4** 예쁜 패턴이 마주 보도록 반으로 접는다. **5** 접은 포장지 사이에 포장 끈을 넣고 포장지에 딱풀을 발라 준비한 포장지를 순서대로 세 장 붙여준다. **6** 같은 방법으로 볼 8개를 만들어주고 집 모양 패턴 위에 스카치 테이프로 고정시켜 준다.

예쁜 공간에서는 예쁜 생각을 하지 않을까? 엄마의 착각일지도 모르지만 작은 방에서 보내는 시간만큼은 그림도 공부도 생각도 봄처럼 예뻤으면 좋겠다. 방문을 보면서 "내 방안에 작은 집이 또 있네!"하면서 방문이 동화책 속 같다며 좋아하는 아이들. 그 문에서 토끼나 강아지가 나오면 좋겠다며 낄낄댄다. 엄마가 안 된다고 하는 강아지가 나오는 모습을 상상하면서 엄마의 표정을 그려보는 것 같다. 오늘도 엄마가 꾸며준 공간에서 아이들은 새로운 이야기를 만들고 있다.

머핀 판과 테이크 아웃 컵이 만나 문구류 정리 OK 책상이 좁아 두기 어려우니 책상 옆 수납함 위에 올려 두고 아이가 쉽게 팔을 뻗어 사용할 수 있도록 해주세요.

작은 책상의 짝꿍, 미니 책꽂이 만들기 방이 크면 큰 책장이 유용하지만 좁은 아이 방에는 미니 책꽂이가 좋아요. 책상과 같은 컬러와 책상의 길이보다 작은 사이즈를 권해요.

반짝반짝 예쁜 방문 꾸미기 방문 뒤는 숨은 공간이랍니다. 옷걸이를 고정시켜 아이 가방, 겉옷을 걸어 두면 알토란 같은 공간 활용으로 좋아요.

뭉게뭉게 구름 모빌 만들기 솜을 사용해 구름을 표현했지만 스티로폼 볼에 안 입는 니트를 싸서 구름을 표현해도 좋아요. 아이와 함께 만들면 방에 대한 애착이 커져요.

나를 찾아 떠나는 여행, 침실

화려하지는 않지만 심플하게 꾸며진 침실은 오로지 나만을 위한 맞춤 공간이다. 깔끔하게 정리된 미니 책상 위에 노트북을 올려놓고 글을 쓰는 밤 시간이 왜 그렇게 기다려지는 건지. 가족이 모두 잠든 밤에 뭔가를 끄적거리는 기분은 학창 시절 누가 볼까 아니면 짝사랑하는 마음을 들킬까 조심스럽게 한 줄 한 줄 써 내려갔던 일기가 생각나기도 했다. 그렇게 멈춰버린 나의 시간과 공간을 찾아 여행을 떠나는 기분이었다. 작은 책상 위에 켜 둔 노란 스탠드 불빛 아래서 소소한 생활을 정리하는 것은 내일을 더 기대하게 만드는 소중한 시간이기도 하다. 침실은 편안하게 쉬고 잠을 충분히 잘 수 있는 공간이자 엄마와 아내로서 꿈을 꾸는 곳이기도 하다. 곤히 잠든 남편을 바라보면서 오늘도 나는 노트북을 펼치고 설레는 꿈의 목록을 적어 내려간다.

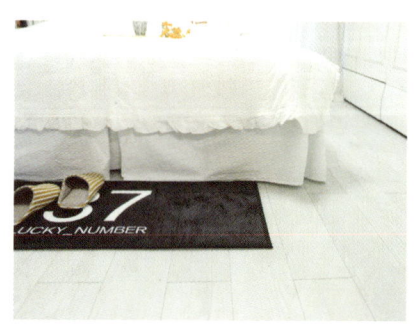

무채색 시간이 노크하는 침실은 하루를 기록하는 엄마의 공간

편안하게 쉬면서 뒹굴고 싶은 공간, 밀린 잠을 달달하게 잘 수 있는 공간, 화려하지 않고 심플하게 꾸며진 침실은 내겐 포근한 휴식처다. 어쩌면 침실은 하루 중에서 제일 적게 들어오고 밤이 되어서야 노크를 하는 나의 손길이 가장 덜 필요한 곳인지도 모른다. 거실이나 주방과는 달리 침실은 단순히 숙면을 취하는 곳이라고 생각하다가 어느 날 문득, 조용한 밤 시간에 끄적거리는 걸 좋아하는 나를 위한 공간이라는 생각이 들었다. 주방과 거실은 밤이 되면 차가운 온기가 반갑지 않으니 침대 위치만 살짝 바꿔주면 나만을 위한 맞춤 공간이 생길 수 있지 않을까? 침실의 완성된 모습이 순식간에 그려지고, 부산스럽게 바빠지는 손길에 설렘이 묻어났다. 미니 책상 위에 노트북을 올려놓고 깔끔하게 정리하자 밤 시간이 왜 그렇게 기다려지는 건지. 가족이 모두 잠든 밤에 뭔가를 끄적거리는 기분은 학창 시절 누가 볼까 아니면 짝사랑하는 마음을 들킬까 조심스럽게 한 줄 한 줄 써 내려 갔던 일기가 생각나기도 했다. 그렇게 멈춰버린 나의 시간과 공간을 찾아 여행을 떠나는 기분이었다.

그것은 바쁘고 정신없이 연년생을 키우는 나로서는 생각도 못할 꿈 같은 상상이었다. 과연 감성 돋는 시간이 나에게도 올까? 아이들이 성장하는 동안 많은 걸 희생하고 '나'를 내려놓았다고 생각했다. '나'는 없었지만 그만큼 행복을 채워주는 아이들이 있었다. 아이들을 통해 많은 걸 배우고 아이와 함께 엄마도 성장하는 시간이었다. 아이들을 키우는 것이 희생이라기 보다는 오히려 더욱 성숙한 어른이 되어가는 과정으로 느낄 정도로 행복감, 존재감, 감사의 마음이 생겼다. 육아를 하는 동안 어쩌면 당연하고 자연스런 시간들이었기에 나를 위한 공간은 처음부터 뇌 구조에 없었던 것 같다. 아이들이 성장하면서 지금은 적어도 잠을 설쳐 가며 분유를 타고, 트림을 시키며 기저귀 갈아 줄 일은 없다. 대신 가족이 잠든 무심한 밤, 시계 바늘이 10시를 가리키면 반가운 무채색 손님이 어김없이 노크를 한다. 이 시간은 엄마, 아내를 위해 준비한 가족들의 선물인 것이다.

큰 침대를 의자 삼아 영화를 보기도 하고, 가계부에 꽂아 놓은 영수증을 정리하면서 하루를 돌아보기도 하고, 컴퓨터를 켜고 남의 집도 훔쳐 보고, 메모장에 좋은 자료들을 적어 두는 별 것 아닌 시간들이 좋다. 작은 책상 위에 켜 둔 노란 스탠드 불빛 아래 소소한 끄적거림은 내일을 더 기대하게 만드는 소중한 시간이기도 하다. 침실은 편안하게 쉬고 잠을 충분히 잘 수 있는 공간이자 엄마, 아내로서 꿈을 꾸는 공간이기도 하다. 곤히 잠든 남편을 바라보면서 오늘도 나는 노트북을 펼치고 설레는 꿈의 목록을 적어 내려간다. 거창한 꿈의 목록이 아닌 엄마, 아내로서의 바람과 꼭 하고 싶은 것 등등 중요한 메모를 적는다.

11년 된 장롱
새 장롱으로 리폼

Tip.
합판 주문 시에는 장롱 문 사이즈 보다
0.3~0.5cm 작게 주문해야 문을 열고 닫을 때
불편하지 않다.

무거운 외투를 걸친 11년 된 장롱 때문일까? 침실로 들어오는 마음도 무겁다. 하지만 결혼을 하고 샀던 오랜 장롱을 버리기보다는 아직 곁에 두고 싶은 건 추억도 함께 버리는 느낌이 들기 때문이다. 겨울 외투를 봄 외투로 바꿔주면 더 오랫동안 곁에 두고 싶지 않을까? 오래된 장롱을 리폼한 후 완성된 모습을 보고 신랑은 말한다. "새로 샀어?" 말 한마디에 힘든 하루가 싹 가시면서 앞으로 10년은 우리부부와 함께할 것만 같다.

준비물

미송 합판(두께 0.48cm, 폭 49cm×길이 149cm) 6개, 띠 몰딩 길이 30cm 24개, 길이 79cm 24개,
목공 본드, 전기 타카, 화이트 페인트(벤자민 무어 cloud white 967), 슬립앤솔 손잡이(블랙) 6개, 충전 드릴

1 장롱 문에 붙은 벽지를 제거한다. **2** 벽지를 제거한 장롱 문에 목공 본드를 바른 미송 합판을 타카로 꼼꼼히 박아준다(깔끔한 페인트 작업을 위해 합판을 덧댄다). **3** 장롱 문에 합판을 1개씩 붙여주는데 합판이 커서 움직일 수 있기 때문에 두 사람이 작업하면 좋다. 6개의 합판을 장롱 문에 모두 붙여준다. **4** 합판에 붙여줄 띠 몰딩 위치를 연필로 체크한 후 준비된 몰딩에 목공 본드를 바른 후 합판 위에 붙여주고 움직이지 않게 마스킹 테이프로 고정시켜 준 후 타카로 박아준다. **5** 띠 몰딩 작업이 끝나면 벤자민 무어 화이트 페인트를 스펀지 붓으로 꼼꼼히 3회 칠해준다. **6** 장롱 문은 슬립앤솔 손잡이 사이즈에 맞춰 드릴로 구멍을 만들어주고 피스로 고정시켜 준다.

침실에 어울리는 책상 만들기

가족이 모두 잠든 조용한 밤, 오늘도 이 시간을 기다린다. 침대에 누워 종이에 끄적끄적 뭔가를 적고 생각하고 하루를 들추며 웃고 반성하고 좋아하는 영화도 한 편 본다. 그러다 문득 나만의 책상이 있었으면 하는 바람이 든다. 작아도 좋은 나를 위한 책상. 침대를 의자 삼아 앉아서 이 모든 걸 하고 싶다. 스탠드를 켜면 또 다른 하루가 다시 시작되는 것처럼 시간이 달콤하다.

준비물

철제 다리 블랙(폭 40cm×길이 72cm) 2개, 상판 스프러스 집성목(두께 2cm, 폭 44.5cm×길이 90cm),
화이트 페인트(던에드워드 DEW340), 붓, 바니시

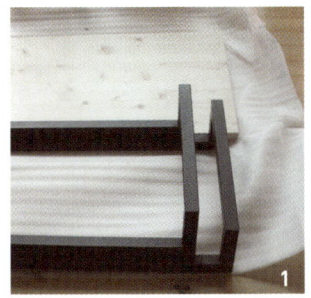

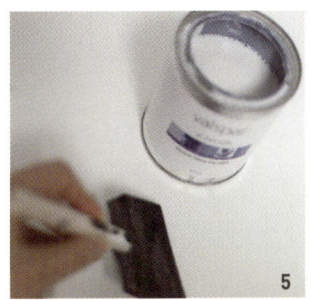

1 상판 스프러스 집성목은 손잡이닷컴에서 절단 주문하고 철제 다리 블랙을 2개 준비한다. **2** 상판을 뒤집어 철제 다리에 고정시킬 부분을 연필로 체크한 후 블랙 철제 다리는 드릴을 이용해 피스를 고정시켜 준다. **3** 다리 두 개를 고정시킨 후 테이블을 세운다. **4** 상판은 던에드워드 화이트 페인트를 스펀지 붓에 묻혀 2회 칠해준다. **5** 페인트가 완전히 건조되면 바니시를 3회 칠해준다.

침실 화장실 문을
카페 문처럼 리폼

겨울잠을 자는 곰처럼 겨울이 오면 행동도 둔해지고 집에서 보내는 시간은 자연스레 길어진다. 부지런을 떨면 좀 좋으련만 마음이 느긋하다. 침대에 누워 귤을 까먹다가 자연스레 눈길이 가는 블루 화장실 문. 지난 여름에 카페 같은 문을 상상하면서 붓을 들었는데 다가오는 겨울에 보면 차가울까? 궁금해진다. 코끝이 시린 차가운 겨울에 보는 짙은 블루의 매력에 빠진다.

준비물

던에드워드 블루 페인트(DE5881), 앵글 붓, 롤러 붓, 마스킹 테이프,
커버링 커버, 그래픽 스티커(손잡이닷컴), 우드 핸드믹서

1 기존에 작업해주었던 나뭇가지, 선반을 제거하고 핸디코트 작업한 부분은 철 헤라로 평평하게 다듬어준다. **2** 페인트는 우드 핸드믹서를 이용해 저어서 롤러 붓이 닿지 않는 부분을 먼저 앵글 붓으로 칠해준다. **3** 롤러 붓으로 1회 칠해주고 건조되면 2회 더 칠해준다. **4** 문에 어울리고 카페 분위기가 나는 그래픽 스티커는 보조 시트지에 붙여 준비해 둔다. **5** 보조 시트지는 페인트 작업한 화장실 문에 붙이고 조심스레 시트지를 떼어준다.

11년 된 장롱 새 장롱으로 리폼 화이트 장롱에는 손잡이로 포인트를 주고 문이 크기 때문에 손잡이 사이즈는 큰 사이즈가 잘 어울려요.

가족이 모두 잠든 조용한 밤, 오늘도 이 시간을 기다린다. 침대에 누워 종이에 끄적끄적 뭔가를 적고 생각하고 하루를 들추며 웃고 반성하고 좋아하는 영화도 한 편 본다. 그러다 문득 나만의 책상이 있었으면 하는 바람이 든다. 작아도 좋은 나를 위한 책상. 침대를 의자 삼아 앉아서 이 모든 걸 하고 싶다. 스탠드를 켜면 또 다른 하루가 다시 시작되는 것처럼 시간이 달콤하다.

침실에 어울리는 책상 만들기 미니 책상이기에 자리를 많이 차지하지 않는 집게형 스텐드를 사용하면 좋아요.

침실 화장실 문을 카페 문처럼 리폼 문 자체만으로도 침실에 심심함을 덜어주는 컬러라서 화이트 벽만으로 충분해요.

감추고 싶은
콘센트 하우스 만들기

보여주고 싶은 공간이 있다면 꽁꽁 감추고 싶은 부분도 집안 곳곳에 숨어 있다. 주인장의 눈에만 용케 잘 띄는 지저분한 콘센트를 바라보는데 꼬맹이들이 기어 다닐 때 콘센트 뚜껑을 놀이 삼아 뜯어내 더 우울하다. 패브릭으로 가려주고 생활하다가 침실 방에 더욱 어울리는 콘센트 가리개가 그리워질 때쯤 콘센트 커버를 만났다. 반가워, 콘센트 하우스야!

준비물

콘센트 커버(반제품) 3구(두께 1.5cm, 가로 35cm×세로 7.5cm×높이 21.4cm), 띠 몰딩(길이 38cm 2개, 길이 12cm 2개), 화이트 페인트, 경첩, 목공 본드, 머리 없는 나무못, 망치

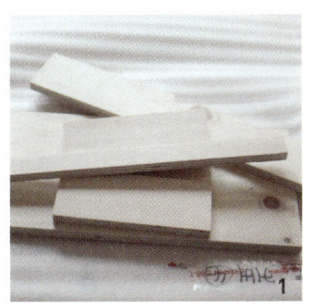
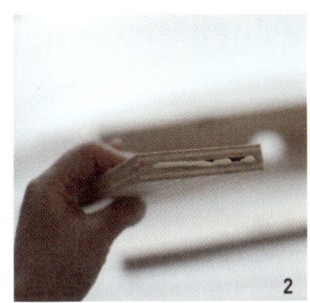
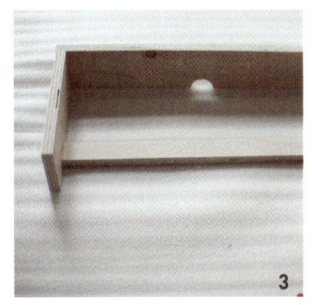

1 옆판 2개, 문짝 1개, 보조목 1개, 윗판 1개를 준비한다. **2** 목공 본드를 바르고 옆판 2개에 윗판을 조립하고 머리 없는 나무못으로 박아준다. **3** 안쪽에 덧댈 보조목에는 목공 본드를 바르고 머리 없는 나무못을 박아준다. **4** 준비된 문짝은 밋밋해 띠 몰딩을 절단해 목공 본드를 바르고 문짝에 붙여 머리 없는 나무못으로 박아준다. **5** 화이트 페인트로 2회 칠해준 후 화이트 경첩을 고정시켜 준다.

Tip.

콘센트 커버 반제는 2구, 3구, 4구(손잡이닷컴) 종류가 있다.

누런 장판 데코 타일 작업으로
화사하게 리폼

침실 방문을 자꾸 열어 보게 된다. 뒤돌아 서면 또 보고 싶어 열어 보고, 주방에서 설거지하다가 또 열어 본다. 나에게 집 꾸미기는 마치 설레고 두근거리는 첫사랑 같은 느낌이다. 화사해진 침실은 계절마다 침구만 바꿔줘도 사계절 내내 예쁜 공간이 된다. 자꾸 들여다보면서 미소가 떠나지 않는다.

준비물

접착식 데코 타일(노르딕 화이트) 3박스(1박스 22장, 가로 15cm×세로 100cm)),
커터 칼, 스틸 자

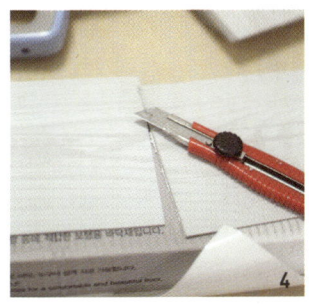 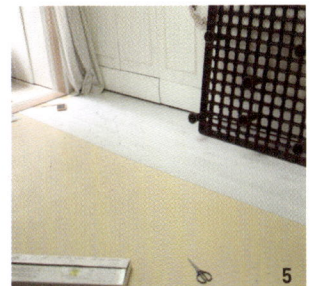 

1 침실 방에 있는 가구들은 밖으로 내놓고 장판을 깨끗이 청소한 후 접착식 데코 타일(노르딕 화이트)을 준비한다. **2** 1장 사이즈가 15cm×100cm인 뒷면의 접착 스티커를 떼어 낸다. **3** 뒷면 접착 스티커를 떼어 내면 보이는 화살표 방향으로 장판 위에 한 장 한 장 붙여준다. **4** 접착식 데코 타일의 여분은 연필로 체크한 후 스틸 자를 대고 커터 칼을 이용해 잘라준다. **5** 누런 장판 위에 화이트 접착식 데코 타일을 붙여준다. **6** 접착식 데코 타일을 방 전체에 작업해준 모습이다.

Tip.

24평 침실 방 사이즈 가로 310cm×세로 270cm 3박스(66장) 사용

시크한 타공 판 메모 정리

나이가 든다는 건 생각의 깊이가 깊어져 실수가 적어지는 장점도 있지만, 반갑지 않은 깜박깜박 기억력 때문에 지나간 자리엔 항상 메모지가 따라다닌다. 적어둔 메모지를 못 찾아 헤매고 있는 모습을 보고 한심해서 투덜투덜한다. 침실에 마련한 책상 위에 나의 깜빡이는 기억력을 책임질 시크한 타공 판이 멋스럽게 달려 있다.

준비물

타공 판(그레이,가로 120cm×세로 20cm), 자투리 목재(폭 10cm×길이 35cm), 오블릭 선반대(블랙) 2개,
볼트와 너트 각 4개, 타공 판 전용 홀더, 그레이 페인트, 고리 홀더 자석, 초강력 미니 자석

1 타공판 그레이를 준비한다. **2** 선반을 만들고 싶어 자투리 목재에 조색한 그레이 페인트를 칠해준다. **3** 페인트 작업해 준 미니 선반에 오블릭 선반대(블랙)를 놓고 드릴이나 드라이버로 피스를 고정시켜 준다. **4** 오블릭 선반대를 타공 판에 고정시킬 때 필요한 볼트와 너트 각 4개를 준비한다. **5** 오블릭 선반 위치를 체크한 후 선반대 구멍에 볼트를 넣어 타공 판에 끼워 타공 판 뒤판에 나온 볼트에 너트를 끼워 돌려준다. **6** 타공 판에 오블릭 선반대가 단단히 고정되어 완성된 모습이다.

침실 방문을 자꾸 열어 보게 된다. 뒤돌아 서면 또 보고 싶어 열어 보고, 주방에서 설거지 하다가 또 열어 본다. 나에게 집 꾸미기는 마치 설레고 두근거리는 첫사랑 같은 느낌이다. 화사해진 침실은 계절마다 침구만 바꿔줘도 사계절 내내 예쁜 공간이 된다. 자꾸 들여다보면서 미소가 떠나지 않는다.

시크한 타공 판 메모 정리 큰 가구인 책상과 3단 선반장을 만들어주고 작은 소품은 나중에 선택하세요. 책상, 3단 선반장과 어울리는 그레이 타공 판은 메모 정리뿐 아니라 인테리어 효과도 좋아요.

누런 장판 데코 타일 작업으로 화사하게 리폼 장판만 바꿔도 분위기가 180도 변한답니다. 어떤 가구든 잘 어울리기에 장판에 변화를 주면 좋아요.

감추고 싶은 콘센트 하우스 만들기 콘센트 하우스를 만들 때 컬러는 침실 벽면과 같은 컬러를 칠해주세요.(예: 벽면이 그레이 컬러일 경우 콘센트 하우스도 그레이 컬러 선택)

소풍 나오고 싶은 공간, 베란다

포근한 햇살의 봄이 찾아오면 줄기에서 나오는 새순들이 예뻐 매일매일 눈도장을 찍고 알록달록 곱고 화사한 꽃들로 꽃 잔치를 한다. 여름이 오면 창밖을 통해 들려오는 매미 소리를 들으며 시원한 수박 한 통 쪼개 아이들과 자리 펴고 먹기도 하고, 가을이 오면 내가 만든 둥근 의자에 앉아 차 한잔 마시면서 책을 읽는 소소한 즐거움이 있는 미니 베란다. 며칠 집을 비우거나 하면, 두 꼬맹이들이 제일 먼저 베란다로 달려가 인사를 전한다. 아이들은 하루에도 몇 번씩 종종걸음을 하며 베란다를 쪼르르 왔다 갔다 한다. 소꿉놀이 가방도 갖다 놓고, 인형도 갖다 놓고, 간식도 들고 와서 나란히 앉아 먹는 모습을 보면 흐뭇하다. 바라보면 절로 미소가 나는 꽃도 있고, 테이블도 있고, 의자도 있어서 편안하게 쉴 수 있는 공간. 꽃향기도 맡고 창을 통해 들어오는 바람도 맞이하면서 초록이들과 속닥일 수 있기 때문에 베란다에서 보내는 시간은 점점 늘어난다. 가족들에게 소풍 같은 공간인 베란다는 우리 아이들의 성장 일기와도 같다.

봄이 오면 가족들과 꽃 잔치하는 베란다가 좋다

올망졸망 꽃들의 수다가 한창인 베란다로 발길을 옮긴다. 3월이 찾아 온 베란다는 지난 겨울의 추위가 아직 머물고 있다. 앙상해진 줄기와 떨어진 잎들은 추운 겨울을 잘 버텨 준 흔적들이 고스란히 남아 있어 애틋하다. 가족들의 발길이 뜸했던 겨울 동안 많이 춥고 외로웠을 텐데 올해도 기특하게 잘 견딘 베란다의 안주인 초록이들에게 고맙고 미안한 마음이 들었다. 따스한 3월 햇살을 받으며 창을 열고 물도 듬뿍 주고 묻은 먼지를 털어 냈다. 앙상해진 줄기와 작은 잎을 만지면서 "너도 네가 그리웠니? 나도 네가 그리웠어"라고 말한다. 항상 그 자리에서 든든하게 반겨주는 홍콩 야자와 올망졸망 작은 화분들은 주인장의 손길이 꽤 반가운 눈치다. 조리개에 물을 가득 채워 화분 한 개 한

개 정성스레 물을 주면 금세 코를 찌르는 흙냄새가 올라와 웃음꽃이 핀다. 아픈 데 없이 건강하다고 내게 보내오는 신호라는 걸 알기에 작은 목소리로 "고맙다"고 속삭인다. 물을 듬뿍 머금고 눈이 즐거운 싱그러움을 안겨주는 작은 베란다에 앉아 있으면 아파트라는 공간을 잠시 잊게 해준다.

포근한 햇살의 봄이 찾아오면 줄기에서 나오는 새순들이 예뻐 매일매일 눈도장을 찍고 알록달록 곱고 화사한 꽃들로 꽃 잔치를 한다. 여름이 오면 창밖을 통해 들려오는 매미 소리를 들으며 시원한 수박 한 통 쪼개 아이들과 자리 펴고 먹기도 하고, 가을이 오면 내가 만든 둥근 의자에 앉아 차 한잔 마시면서 책을 읽는 소소한 즐거움이 있는 미니 베란다. 집에서 보내는 시간에도 발길이 저절로 가게 되는 가족들이 제일 좋아하는 공간이다. 며칠 집을 비우기라도 하면, 두 꼬맹이들이 제일 먼저 베란다로 달려가 인사를 전한다. "우리가 없어도 집 잘 지키고 아프지 마. 금방 올게." 오래된 습관들로 내겐 낯선 풍경이 아닌 익숙한 그림들이다. 아이들은 어릴 때부터 초록이들과 함께 지내와서 그런지 자연스럽게 느끼는 것 같다. 고사리 같은 손으로 들기에도 버거웠던 물조리개로 힘겹게 물을 주었던 아이들이 이제는 제법 의젓해졌다. 작은 묘목이었던 홍콩 야자는 몰라보게 자라서 천장에 닿아 휘어지고 있다. 안타깝고 미안한 마음에 의자에 올라 휘어진 줄기를 만져주고 또 만져준다. 우리 아이들이 성장한 만큼 우리 가족의 사랑으로 너 또한 아름답게 많이 자랐구나 하는 생각이 든다.

잡동사니와 자질구레한 짐들로 방치된 창고 같은 베란다 바닥을 나무 작업을 해준 것이 큰 의미를 가지고 왔다. 차가운 바닥에서 나무 작업을 하는 동안 아이들은 하루에도 몇 번씩 총총걸음을 하며 쪼르르 왔다 갔다 한다. 소꿉놀이 가방도 갖다 놓고, 인형도 갖다 놓고, 간식도 들고 와서 나란히 앉아 먹는 모습을 보면 흐뭇했다. 아직 부족하고 서툴지만 조금씩 조금씩 손수 만들어 주고 다듬어 준 베란다는 예전 모습과는 많이 달라졌다. 아기자기한 미니 화원이 생각나는 우리집 소박한 미니 카페로, 행복을 주는 공간으로 바뀌었다. 바라보면 절로 미소가 나는 꽃도 있고 테이블도 있고 의자도 있어서 머리가 무거울 때는 와서 쉬는 공간이 된다. 꽃향기도 맡고 창을 통해 들어오는 바람도 맞이하고, 초록이들과 속닥일 수 있기 때문에 베란다에서 보내는 시간은 점점 늘어난다. 가족들에게는 소풍 같은 공간인 베란다는 우리 아이들의 성장 일기와도 같다. 날씨가 따뜻한 주말에는 큰 화원에 가서 예쁜 화분도 사고, 분갈이도 해주어야겠다. 그리고 가족들과 함께 베란다에서 꽃 잔치를 할 것이다. 제일 예쁜 꽃은 우리 아이들 이름을 붙여줘야지.

작은방 베란다
빈티지 벽면 작업

작은방에는 방만한 베란다가 딸려 있다. 사용하지 않는 물건을 쌓아 둔 평범하고 보잘것없는 베란다에 온기라고는 식물 몇 개가 전부였는데 아이들이 걸어 다닐 때쯤 소꿉놀이 바구니를 들고 베란다에서 노는 모습이 많아졌다. 그전에는 햇빛이 이렇게 예쁘게 들어오는 지 몰랐다. 엄마보다 아이들이 먼저 알았던 것이다. 따스한 햇빛에 이끌려 아이들이 베란다에서 보내는 시간이 많아지자 엄마는 하나하나 지저분한 물건들을 정리하기 시작한다.

준비물

패널 목재(두께 0.48cm, 폭 10cm×길이 153cm) 13장, 파텍스, 글루건, 머리 없는 나무못 or 전기 타카, 밀크 페인트(green fields-2108), 화이트 페인트, 사포, 평붓, 마스킹 테이프, 커버링 테이프

1 기존 벽면에 작업했던 프로방스 창문, 소품, 우드락 파벽돌, 울타리 목재를 제거한다. **2** 주문한 패널 뒷면에 파텍스와 글루건을 묻혀 베란다 벽에 한 장 한 장 붙여 머리 없는 나무못 or 타카로 박아준다. **3** 패널 13장을 붙여주고 벽에 스텐실 작업해준 부분은 물걸레로 오염 물질을 닦아준다. **4** 스텐실 무늬를 없애주기 위해 깔끔하게 평붓을 이용해 화이트 페인트를 3회 칠해준다(페인트 작업 전 바닥은 커버링 테이프를 붙여준다). **5** 붙여준 패널은 밀크 페인트로 2회 칠해준다. **6** 페인트가 건조되면 위에 다시 화이트 페인트 2회 작업 후 사포로 다듬어준다.

작아진 아이들 우비 장화
베란다 소품으로 리폼

빗방울이 똑똑 떨어지는 날이면 고사리 같은 손에 작은 우산을 들고 고인 웅덩이를 철벅철벅 그냥 지나치는 법이 없었던 꼬맹이들. 우비 장화 신는 걸 좋아해 집에서도 신고 놀았던 아이들 모습이 떠오른다. 작아진 우비 장화를 누군가에게 주기도 꺼려지고 또 버리기도 아까워 신발장에 고이 모셔 두다가 장화에 물감을 입히고 싶었다. 아이들이 유치원 때 신었던 우비 장화는 몇 년이 지나도 베란다에 예쁘게 소품으로 장식할 수 있어 아이들과의 추억과 웃음을 함께 전한다.

준비물

작아진 우비 장화, 다이소 털 수세미, 글루건, 토숀, 아크릴 물감(다크 브라운), 젯소,
페인트(펀앤하비 그린), 마스킹 테이프

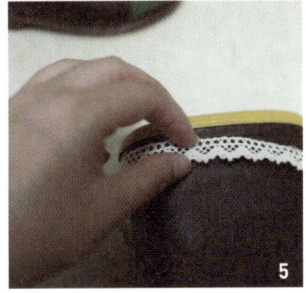

1 우비 장화에 물감이 묻지 않아야 할 부분은 마스킹 테이프를 붙여준다. **2** 다크 브라운 아크릴 물감을 장화에 칠해준다. **3** 앞부분에는 젯소 작업 후 그린 페인트 또는 아크릴 물감을 미술 붓으로 칠해준다. **4** 아크릴 물감이 건조되면 다이소 털 수세미를 꽃 모양으로 만들어 글루건으로 붙여준다. **5** 장화 맨 윗부분에는 글루건을 묻혀 토숀으로 마무리한다.

Tip.
우비 장화 안에 들어가는 컵 안에 물 꽂이가 가능한 식물을 넣어 두면 근사한 소품이 된다.

공병으로
압화 소품 만들기

창고 정리를 하다가 작은 상자를 발견했다. 학창 시절에 받았던 편지와 사진들을 보면 단발머리 교복 입은 소녀로 돌아가게 된다. 친구들과 환하게 웃고 있던 여고생의 모습은 촌스럽지만 풋풋하고 간지럽다. 책에 꽂아 둔 책갈피가 손에 들어왔다. 색도화지에 민들레 꽃을 말려 붙이고 좋아하는 시를 손수 쓰고 코팅된 책갈피. 20년이 흘렸는데도 책갈피의 모습은 고스란히 남아 있다. 책, 교과서에 꽃을 꽂아 두고 편지 쓸 때 편지지에 넣어준 기억까지 고스란히 묻어나자 갑자기 마음이 분주해진다. 책 한 권 손에 들고 밖으로 나와 꽃을 찾아본다.

준비물

공병, 글라스 데코 물감,
스펀지, 압화, 딱풀

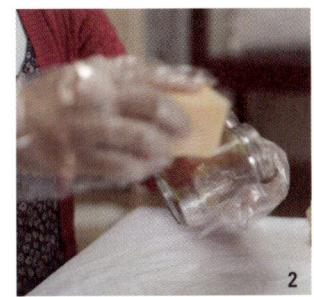

1 모아 둔 다양한 공병은 깨끗이 닦은 후 스티커를 제거한다. **2** 공병에 글라스 데코 물감을 직접 묻히고 스펀지로 빠르게 위에서 아래로 한번에 칠해준다. **3** 같은 방법으로 다양한 컬러로 글라스 데코 물감을 칠해준 모습이다. **4** 책에 꽂아 말린 압화를 준비한다. **5** 공병에 딱풀을 발라 압화를 붙여준다(압화에 딱풀을 직접 바르는 건 피한다).

Tip.

글라스 데코 물감을 스펀지에 묻혀 병에 칠해줄 때는 위에서 아래로 한 번씩 빠르게 칠해 주는 게 중요하다. 끈적임이 강해 덧칠 작업은 피한다.

사과 궤짝으로 수납함 만들기

거칠고 투박해서 아무도 거들떠보지 않는 사과 궤짝. 며칠째 그 자리에 덩그러니 놓여져 있는 사과 궤짝이 나를 기다리는 듯하다. 투박하고 거친 부분은 사포로 정리해주면 될 것 같고 톱질을 하면 꽤 쓸만한 수납함이 될 것 같다. 베란다에 두고 사용하자. "사과 궤짝아! 우리 집에 가자."

준비물

사과 궤짝, 자투리 나무, 와인 박스 앞면 or 목재, 아크릴 물감(다크 브라운),
올드 빌리지(steep white 1751), 사포, 경첩, 철 헤라, 머리 없는 나무못, 망치, 목공 본드

 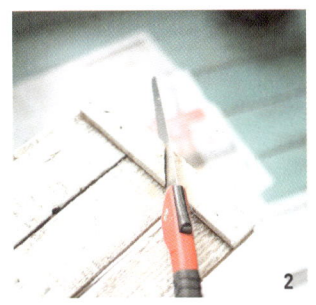 

1 사과 궤짝 앞부분 패널 1개를 떼어 내기 위해 망치로 툭툭 치면 패널이 분리된다. **2** 옆면은 사선으로 톱을 사용해 절단한다. **3** 사과 궤짝 윗면과 앞면은 사과 궤짝 사이즈에 맞게 목재를 절단하고 머리 없는 나무못을 사용해 망치로 박아준다. **4** 아껴 둔 와인 박스 앞면에 목재를 덧대어 사과 궤짝 문 사이즈에 맞게 만들어준다. **5** 사과 궤짝 몸체와 문짝은 다크 브라운 아크릴 물감으로 1회 칠하고, 건조 후 올드 빌지리로 2회 칠해준다. 커터 칼 or 철 헤라로 빈티지 표현을 위해 부분 부분 벗겨준다. **6** 사과 궤짝에 문짝을 포개 경첩으로 고정시켜 준다.

비타민 통 플라워 빈티지 수납함

우울한 날이나 머리가 복잡한 날에는 붓을 찾는다. 일회용 접시에 물감을 꾹 짜서 붓에 묻혀 칠해준다. 그림이 서툴러도 색이 서툴러도 좋다. 몰두하는 시간은 복잡한 머리의 치유제가 되기 때문이다. 촌스러움이 끌려 그려준 플라워 통은 쓸모가 많아 웃음이 난다. 노랑 뚜껑, 노랑 꽃은 우울한 마음을 달래주기에 충분하다. 공병을 담아 둘까? 자질구레한 재료들을 담아 둘까? 행복한 고민에 빈티지 통을 들고 여기저기 집안을 누빈다.

준비물

비타민 통, 젯소, 아크릴 물감(옐로우, 화이트),
새 필붓, 바니시

1 비타민 통은 강력 젯소를 2회 칠해준다. **2** 젯소가 건조되면 옐로우 아크릴 물감으로 뚜껑을 2회 칠해준다. **3** 빈티지 통 몸체는 화이트 아크릴 물감으로 2회 칠해준다. **4** 페인트가 건조되면 꽃을 그려 색을 칠해준다. **5** 새 필붓으로 그림을 마무리한다. **6** 물감이 건조되면 사포로 부분 부분 벗겨내고 바니시를 2회 칠해 마무리한다.

사과 궤짝으로 수납함 만들기 사과 궤짝의 투박하고 거친 느낌은 토분과 함께 데코하면 잘 어울려요.

공병으로 압화 소품 만들기 병 소품은 사계절 사랑받고 쉽게 구할 수 있는 장점이 있어요. 선반 또는 바구니에 다양한 병만 모아 둬도 근사한 소품이 되니 버리지 마세요.

비타민 통 플라워 빈티지 수납함 여러 개를 모아 층층이 포개 데코하면 근사한 소품으로 좋아요. 시트지, 스텐실, 레터링지를 활용해 리폼해 보세요.

사용하지 않는 물건을 쌓아 둔 평범하고 보잘것없는 베란다에 온기라고는 식물 몇 개가 전부였는데 어느 날 아이들이 바구니를 들고 소꿉놀이를 하기 시작했다. 그제야 베란다를 비추는 햇빛이 눈에 들어왔다. 그전에는 햇빛이 이렇게 예쁜지 몰랐다. 엄마보다 아이들이 먼저 알았던 것이다. 따스한 햇빛에 이끌려 아이들이 베란다에서 보내는 시간이 많아지자 엄마는 하나 하나 지저분한 물건들을 정리하기 시작한다.

작은방 베란다 빈티지 벽면 작업 허전한 벽면에 선반과 빈티지 소품들을 함께 데코하면 자연스러워요.

작아진 아이들 우비 장화 베란다 소품으로 리폼 비 내릴 때만 신는 엄마 장화도 평소에 베란다에 두면 꽤 멋스러워요.

싱그러운
사이드 테이블 만들기

미니 베란다는 소풍을 나오고 싶은 공간으로 가족들에게 사랑받고 있다. 간식으로 준비한 고구마를 베란다에서 먹고 옹기종기 모여 있는 식물들에게 말을 건네는 모습이 예뻐서 바라본다. 작은 테이블을 만들어 오전에는 그곳에 앉아 차도 마시고 초록이들도 가꾸는 미니 카페의 꿈을 꾼다.

준비물

사이드 테이블 반제(다이야 놀자, 가로 120cm×세로 35cm×높이 72cm),
목공 본드, 수성 스테인 도토리색, 스폰지, 벤자민 페인트(Sullivan green 560, santa clara 753), 평붓

  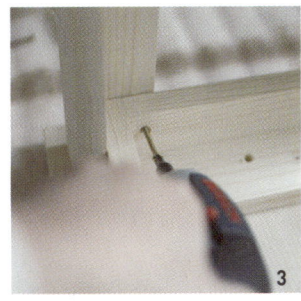

1 다이야 놀자 반제 사이드 테이블 상판, 다리 4개, 사다리 선반을 준비한다. **2** 다리는 목공 본드를 바른다. **3** 목공 본드를 바른 다리 2개는 상판에 붙여 드릴로 고정시켜 준다. **4** 남은 2개의 다리를 조립하기 전 사다리 선반을 미리 작업해 둔 2개의 다리에 고정시킨 후 같은 방법으로 목공 본드를 바르고 드릴로 고정시켜 준다. **5** 사이드 테이블 상판과 의자 상판에는 스폰지에 수성 스테인(도토리색)을 2회 칠해준다. **6** 테이블 다리와 사다리 선반은 벤자민 Sullivan green 560로, 의자는 santa clara 753을 칠해준다.

Tip.

다리 4개를 상판에 모두 고정한 후에 사다리 선반을 작업하면 들어가지 않으니 다리 2개 작업 후 사다리 선반을 작업하면서 나머지 다리 2개를 조립한다.

철 부식 페인트로
베란다 소품 만들기

녹슨 그릇에 담겨 있는 초록이들이 내 눈에 꽤 근사하게 비춰진다. 멋진 카페에 들어가는 순간 근사한 모습이 잊혀지지 않아 고민에 빠졌다. 꽤 오랜 시간의 흔적, 시간이 흘러야 나오는 느낌들을 짧은 시간 안에 충분히 분위기에 담을 수 있는 방법이 뭘까? 철 부식 페인트를 접하고는 철제 통을 구하러 다니기 시작했다. 세월의 흔적을 페인트로 표현하고 담아낼 수 있다는 것이 너무 매력 있고 가슴을 뛰게 한다.

준비물

츄파춥스, 비타민 통, 평붓, 철 부식 베이스, 부식 액, 스텐실 도안,
화이트 아크릴 물감, 스텐실 붓, 바니시

1 츄파춥스, 비타민 통은 오염 물질을 없애고 깨끗이 닦아 준비한다. **2** 손잡이가 묻지 않도록 나무젓가락을 사용해 손잡이는 세우고 평붓에 철 부식 베이스를 묻혀 통 전체를 칠해준다. **3** 3시간 정도 완전히 건조시켜 부식 액을 평붓에 묻혀 칠해준다. **4** 부식 액이 건조되기를 하루 정도 기다리면 녹슨 분위기가 연출된다. **5** 스텐실 도안을 이용해 문구를 새겨주고 부분 부분 화이트 아크릴 물감으로 터치 후 바니시를 칠해준다.

Tip.
원하는 느낌의 부식이 완성되면 바니시 작업으로 마무리한다. 바니시 작업을 하지 않을 경우 부식이 계속 진행되기 때문이다.

주워 온 우드 상자 리폼

동생이 부서진 우드 상자 두 개를 들고 찾아왔다. "누나 길거리에서 주웠는데 색 좀 입혀주면 안 될까?", "색 입혀주는 게 뭐가 어렵다고 두고 가!" 부서진 모서리 부분을 그대로 살려 빈티지스러운 우드 상자로 리폼하면 될 듯하다. 무슨 색이 좋을까? 싱그러운 봄과 어울리는 노랑과 민트가 끌린다.

준비물

우드 상자, 초, 수성 스테인(Autumn Maple D018), 벤자민 페인트(2047-40 capri-seas, Hc-10 stuart gold),
평붓, 스펀지, 커터 칼, 코카콜라 스텐실 도안, 아크릴 물감(레드), 사포

  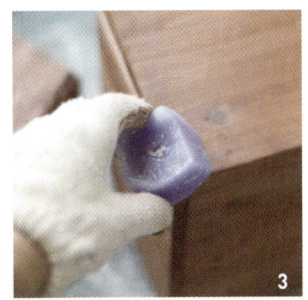

 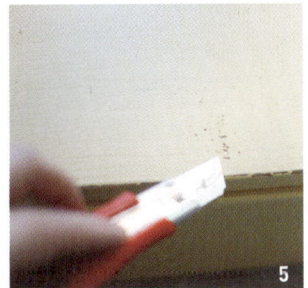 

1 버려진 상자라 깨끗이 샤워 후 말려준 모습이다. **2** 스펀지에 수성 스테인을 1회 칠해준다. **3** 스테인이 건조되면 벗겨 낼 부분에 초를 칠해준다. **4** 투톤 작업을 위해 상자 한 개는 벤자민 페인트 2047-40 capri-seas 또 다른 상자는 Hc-10 stuart gold로 2회 칠해준다. **5** 커터 칼과 사포를 사용해 부분 부분 벗겨 내면 처음 칠해준 아래 색이 보인다. **6** 작업이 끝난 상자 앞부분에 '코카콜라' 스텐실 도안을 올려 두고 스텐실 붓에 아크릴 물감 레드를 묻혀 천에 농도를 조절해 톡톡 두드려준다.

Tip.

빈티지 효과를 내고 싶을 땐 첫 컬러를 짙은 색상으로 선택하고, 벗겨 낼 부분에 초를 바르고 그 위에 다른 컬러를 칠한 후 커터 칼이나 사포로 벗겨준다.

달걀판, 달걀 껍질로
다육이 하우스 만들기

반찬이 부실한 날 식탁 위에 올라오는 계란말이는 가족들이 모두 좋아하는 반찬이다. 오늘은 계란말이가 아닌 신랑이 프라이를 해달라고 한다. 오늘도 역시나 많이 나오는 달걀 껍질을 보면서 귀여운 발상을 해본다. 동글동글한 계란 안에 다육이 싹을 심어 보고 싶은 생각이 들어 다음 날부터 달걀 껍질을 조심스레 윗부분만 쪼개고 모았다. 달걀 껍질은 이제 곧 다육이들을 품겠구나.

준비물

화이트 종이 달걀판(10구), 달걀 껍질(5개), 다육이 싹,
아크릴 물감(핑크, 다크 브라운), 붓, 흙

 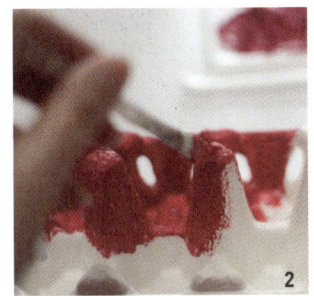 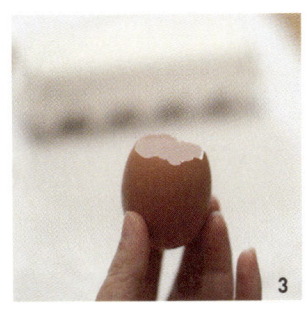

1 달걀 껍질은 깨끗이 헹궈 말려 놓고 10구 종이 달걀판과 아크릴 물감, 붓을 준비한다. **2** 달걀판이 종이 재질이고 화이트라 색 작업이 수월하다. 아크릴 물감 핑크와 다크 브라운을 조색한 후 미술 붓으로 달걀판을 꼼꼼히 칠해준다. **3** 달걀 껍질은 윗부분만 쪼개 5개를 준비한다. **4** 달걀 껍질에 티스푼을 이용해 흙을 채워준다. **5** 모아 둔 다육이 싹을 가지고 와 흙을 채운 달걀 껍질 안에 심어준다. **6** 다육이 싹을 품은 달걀 껍질을 달걀판에 넣어준다.

미니 베란다는 소풍을 나오고 싶은 공간으로 가족들에게 사랑받고 있다. 간식으로 준비한 고구마를 베란다에서 먹으면서 즐거운 담소를 나눈다. 아이들이 옹기종기 모여 있는 식물들에게 말을 건네는 모습이 예뻐서 마냥 바라본다. 작은 테이블을 만들어 오전에는 그곳에 앉아 차도 마시고, 초록이들도 가꾸는 미니 카페의 꿈을 꾼다.

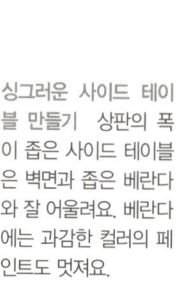

싱그러운 사이드 테이블 만들기 상판의 폭이 좁은 사이드 테이블은 벽면과 좁은 베란다와 잘 어울려요. 베란다에는 과감한 컬러의 페인트도 멋져요.

주워 온 우드 상자 리폼 베란다가 아닌 아이 방에 두고 수납 정리해 보세요.

달걀판, 달걀 껍질로 다육이 하우스 만들기
창가 테이블, 거실 테이블에 작은 소품과 함께 데코하세요.

철 부식 페인트로 베란다 소품 만들기 화분을 넣어 두고 사용하면 베란다 예쁜 인테리어 소품이 돼요.

돋보이는 북카페 웨건

집 꾸미기는 늘 즐거운 나의 놀이다. 가구 배치를 바꿔주고 계절과 어울리는 소품만 바꿔줘도 변화하는 분위기로 인해 집에서 보내는 시간이 늘 새롭고 소소한 일상들이 다르게 느껴진다. 인테리어 책이 한 권 두 권 늘어나면서 부드러운 곡선이 예쁜 웨건을 들이고 싶어졌다. 눈에 띈 북카페 웨건이 베란다에 노크를 한다.

준비물

북카페 웨건 반제(굿트리, 사이즈 가로 64cm×세로 29cm×높이 101cm),
오일 스테인(S0580-Y10R 옐로우), 스펀지, 충전 드라이버 or 드라이버

  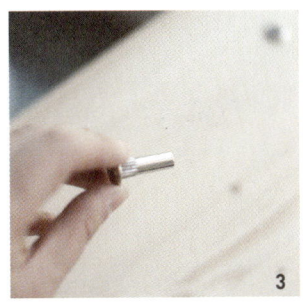

1 선반 3개, 측판 2개, 목공 6개를 준비한다. **2** 선반 3개 중에 바퀴가 달린 선반이 마지막 선반이다. **3** 선반과 측판을 바닥에 눕혀 바퀴가 있는 선반을 먼저 구멍에 맞춘 후 인서트 볼트를 넣어준다. **4** 같은 방법으로 선반 2개와 목공을 넣어 볼트를 넣고 드라이버 또는 드릴로 너트를 조여준다. **5** 한쪽 측판 선반 작업이 끝나면 목공을 구멍에 맞춰 끼운 후 나머지 측판을 같은 방법으로 볼트와 너트 작업을 해준다. **6** 스펀지에 오일 스테인을 1회 칠해준다.

베란다 벽 루바 작업

봄이 오면 손이 분주한 베란다에는 꽃으로 잔치를 연다. 사계절 비치는 햇살은 색깔이 다 다르다. 유난히 따스하고 예쁜 5월의 햇살을 가장 좋아하는데 올해도 봄이 오면 올망졸망 꽃들의 수다가 시작될 테지. 오래전에 작업한 벽면에 아늑함을 주고 싶어 생각에 잠겼다. 차가운 화이트 벽면에 나무 느낌을 주면 소풍 나오고 싶은 베란다로 충분하겠다.

준비물

삼목 루바(폭 11.2cm×길이 180cm) 16개, 파텍스 초강력 접착제(PL50-내부용),
글루건, 실리콘 건, 고무 망치.

 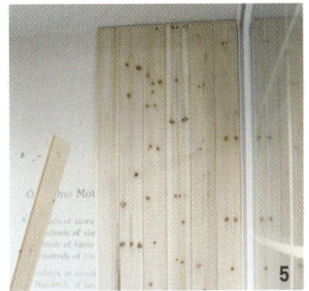 

1 벽에 붙어 있는 선반을 떼어주고 작업할 수 있는 공간을 확보한다. **2** 루바 작업 전에 벽면을 깨끗하게 닦아준다. **3** 주문한 삼목 루바를 펼쳐 둔다. **4** 루바 뒷면에 파텍스 초강력 접착제와 글루건을 묻혀준다. **5** 꾹 눌러 벽에 붙여준다. **6** 루바를 보면 홈에 끼울 수 있게 되어 있는데 홈을 맞춰 고무 망치를 사용해 단단히 붙여준다.

Tip.

루바를 끼울 수 있는 홈이 불량인 것이 많아 루바 주문 시 여유 있게 주문한다.

평범한 책 분위기 있게 표지 싸기

묵은 상자에서 신랑 책 두 권을 발견했다. 책 표지가 부담스러워 심플하게 포장을 하고 소품으로 두고 싶어 신랑에게 물어보니 상관없다고 한다. 어릴 적 초등학교 때 새 책을 받아오면 언니와 책 표지를 싸던 기억이 났다. 언니는 예쁜 포장지로 싸면서 내게는 달력으로 싸라고 해서 얼마나 서운했던지. 누런 종이는 아버지의 월급 봉투도 생각나서 정겹다.

준비물

크라프트지(누런 종이, 소포 종이) 500원,
테이프, 칼, 영문 레터링지

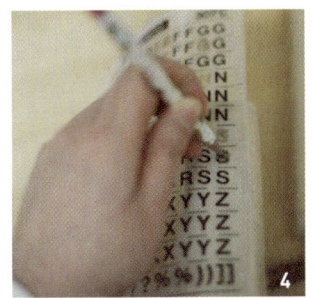 

1 책 사이즈에 맞게 크라프트지를 재단한다. **2** 책 앞면을 펼쳐 크라프트지가 접히게 자르고 접어 테이프로 붙여준다. **3** 책을 정면으로 놓고 같은 방법으로 크라프트지를 안으로 접어 테이프로 붙여준다. **4** 책을 세워 영문 레터링지로 S. W. LOVE 글씨를 새겨준다. **5** 영문 레터링지가 깔끔하게 새겨진 모습이다.

마트용 커피 통 리폼,
화분도 카페 스타일

언니들하고 거리를 걷다 마트에 들러 한 개씩 손에 들고 나온 커피. 콕 빨대를 꽂아 마시면서 용기가 예뻐 만지작만지작하다가 꽤 단단한 용기가 버리기 아까워 가방에 넣었다. 함께 있던 언니들 것까지 챙겨 오면서 머릿속에는 이미 어떻게 리폼하고 싶은지 스케치가 완성되었다. '화분도 카페 스타일' 이렇게 근사한 화분이 어디 또 있을까?

준비물

마트용 커피 통 3개,
커터 칼, 충전 드릴, 식물, 흙

1 마트에서 파는 커피 용기를 준비한다. **2** 플라스틱 커피 용기를 깨끗이 헹궈 준비한다. **3** 커피 용기를 뒤집어 드릴을 이용해 구멍을 뚫어준다. **4** 커피 용기를 세워 흙을 채운 후 식물을 심어준다. **5** 커피 뚜껑은 커터 칼을 사용해 동그랗게 자른 후 커피 용기에 조심스럽게 씌운다. **6** 심어준 용기에 물을 넣어준다.

Tip.
더디 자라는 식물을 선택하는 것이 좋다.

집 꾸미기는 늘 즐거운 나의 놀이다. 가구 배치를 바꿔주고 계절과 어울리는 소품만 바꿔줘도 변화하는 분위기로 인해 집에서 보내는 시간이 늘 새롭다. 봄을 맞이하는 베란다는 꽃으로 잔치를 연다. 사계절 비치는 햇살은 색깔이 다 다르다. 유난히 따스하고 예쁜 5월의 햇살을 가장 좋아하는데 올해도 봄이 오면 올망졸망 꽃들의 수다가 시작될 것이다. 오래 전에 작업한 벽면에 아늑함을 주고 싶어 생각에 잠겼다. 차가운 화이트 벽면에 나무 느낌을 주면 소풍 나오고 싶은 베란다로 충분하겠다.

돋보이는 북카페 웨건 베란다뿐 아니라 거실, 아이 방에도 필요한 북카페 웨건으로 자주 보는 책을 정리해 보세요.

평범한 책 분위기 있게 표지 싸기 크라프트지 종이가 아닌 다양한 포장지로 표지를 싸 책꽂이에 꽂아 보세요.

마트용 커피 통 리폼, 화분도 카페 스타일 단단한 용기라 압정, 핀, 자질구레한 문구류를 넣어 활용해 보세요.

베란다 벽 루바 작업 루바 벽과 어울리는 빈티지 액자, 우드 소품을 데코해주면 아늑해요.

필수 공구

1 톱 – 나무를 자를 때 사용 **2** 충전 드릴, 해머 드릴 – 목재에 구멍을 뚫거나 콘크리트 벽에 구멍을 뚫을 때 사용 **3** 드릴 비트 – 드릴 앞에 끼우는 날 **4** 이중기리 비트 – 목재에 피스를 박을 때 피스 머리 부분을 돌출시키지 않고 원하는 만큼 들어가도록 하여 표면을 매끄럽게 하기 위해 사용 **5** 목다보 – 목재 부재끼리 구멍을 뚫어 연결할 때 사용, 이중기리 비트로 구멍을 내고 피스를 깊게 박고 목다보를 박아 톱으로 자른 후 표면을 정리, 피스 머리 부분을 가려주는 용도 **6** 충전 드라이버 – 목재에 구멍을 뚫거나 나사못을 박을 때 사용 **7** 목재 피스 – 드릴로 목재에 구멍을 뚫어 목재를 고정시킬 때 사용 **8** 쇠망치 – 머리 없는 나무못, 갈매기 타카핀을 박을 때 사용 **9** 펜치 – 망치질할 때 사용 **10** 머리 없는 나무못 – 목재에 박을 때 머리가 없어 깔끔하게 박힘 **11** 갈매기 타카핀 – 액자, 코너를 연결할 때 사용하는 타카핀 **12** 건타카 & 호침 – 패널을 연결하거나 액자의 틀, 수납장의 뒷판을 박을 때 사용 **13** 타카 – 나무를 연결할 때 사용하는 스테이플러와 유사한 도구

1 사포 – 나무 표면을 부드럽게 다듬을 때 사용(종류로 80~320방이 있으며 220방을 많이 사용) **2** 철 헤라 – 빈티지 기법 및 목재 오염 물질을 제거할 때 사용 **3** 목공 본드 – 나무와 나무 사이를 연결할 때 사용 **4** 우드 필러 – 나무나 벽의 파인 홈을 메울 때 사용 **5** 글루 건 & 스틱 핫멜트 – 접착제가 굳을 동안 임시로 고정할 때 사용 **6** 쇠자 – 자재 사이즈를 측정할 때 사용 **7** 줄자 – 자재 및 벽면 사이즈를 측정할 때 사용 **8** 경첩 – 여닫이 문짝을 연결하는 부품 **9** 빠찌링(쌍좌석) – 여닫이 문을 고정할 때 사용 **10** 실리콘 건 – 실리콘 및 접착제 끼우는 도구 **11** 실리콘 – 거울이나 유리문의 틈새를 메울 때 사용 **12** 파텍스 PL50 – 나무나 철제, 유리 제품을 다룰 때 사용하는 강력 접착제

1 트레이 – 페인트를 덜어 쓸 때 사용(비닐 커버를 씌워 사용하면 세척하지 않아도 됨) **2** 스펀지 롤러 붓 – 방문이나 좁은 면적을 페인트칠할 때 사용 **3** 벽면, 벽지 롤러 붓 – 넓은 면적의 천장이나 벽에 페인트 칠할 때 사용 **4** 스펀지 – 나무의 느낌을 살려 칠할 때 사용(스테인, 오일 스테인 사용 시), 세척이 어려운 오일 스테인 사용 후 버리면 간편 **5** 스펀지 붓 – 털 대신 스펀지가 달려 있는 붓 형태로 목재 및 다양하게 사용 **6** 페인트 붓 – 롤러로 칠할 수 없는 좁은 곳에 페인팅 작업을 할 때 사용 **7** 커버링 테이프 – 방문 손잡이, 바닥, 현관문 등 페인트 작업 전 페인트가 묻지 말아야 할 곳을 가리는 데 사용 **8** 마스킹 테이프 – 몰딩, 문틀 등 페인트 작업 전 페인트가 묻지 말아야 할 곳을 가리는 데 사용 **9** 뿔 헤라 – 타일 접착제를 바를 때 사용 **10** 민자 헤라 – 핸디코트 및 넓은 면적에 사용 **11** 다용도 걸이 꼭꼬핀 – 망치, 못 등이 필요없이 바로 벽지 위에 꽂아 사용 **12** 페인트 오프너 – 페인트 뚜껑을 열 때 사용 **13** 우드 핸드믹서 – 조색된 페인트, 컬러 페인트를 저을 때 사용

1 젯소 - 페인팅 작업 시 색이 잘 올라가도록 도와주는 하도제 역할을 하는 제품 2 가구용 페인트 - 목재, 방문용 페인트 3 벽지용 페인트 - 실내 벽지, 벽면용 페인트 4 오일 목재 보호 - 목재 표면의 수분, 갈라짐 현상을 최소화시켜 줌 5 수성 스테인 - 자연스런 나뭇결을 살리고 싶을 때 사용 6 오일 스테인 - 따로 바니시를 하지 않아도 광택을 내주는 제품 7 바니시 - 페인트 작업 후 색의 벗겨짐이나 변색을 막기 위해 사용 8 칠판 페인트 - 문이나 벽에 색을 입히면 칠판처럼 글씨를 쓸 수 있게 만들어주는 페인트

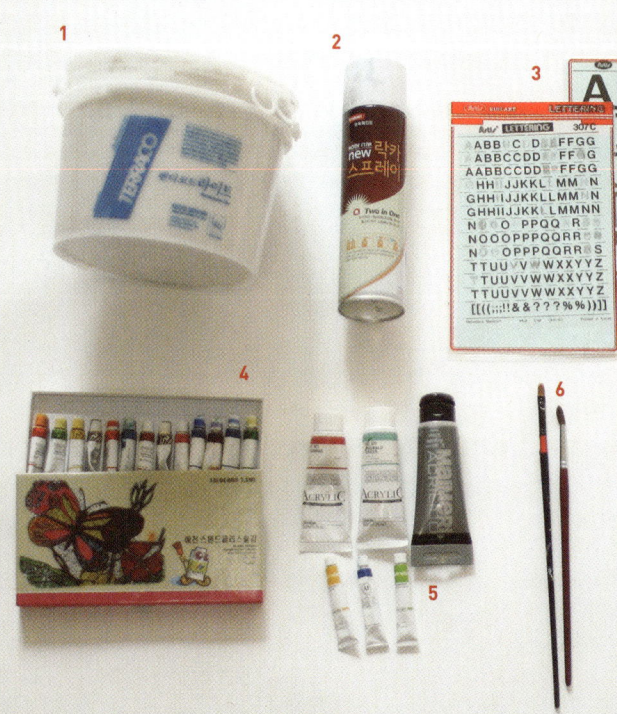

1 핸디코트 - 핸디코트 라이트와 핸디코트 워셔블로 라이트는 빈 벽에 포인트를 줄 때 사용하고 워셔블은 방수 기능이 있어 주방 벽, 욕실처럼 습한 곳에 사용하기 좋음 2 락카 스프레이 - 목재 및 철제, 플라스틱 외관을 아름답게 칠할 때 사용 3 레터링지 - 제도, 디자인 도안 등에 사용 가능. 칠판 부분이나 고정된 메모를 필요로 하는 부분에 사용 4 스테인드 글라스 물감 - 유리 및 아크릴판, 비닐 등에 그림 및 포인트 연출을 할 때 사용 5 아크릴 물감 - 목재, 캔, 플라스틱 등 그림을 그릴 때 사용 6 미술용 붓 - 그림의 공간들을 물감으로 채울 때 사용

재료 구입처
목재, 부속품 : 손잡이닷컴 http://www.sonjabee.com/
반제 : 굿트리 http://www.good-tree.co.kr/
페인트 : 나무와 사람들 던에드워드 http://jeswood.com/
소품 : 컴홈스타일 http://comstyle.co.kr/

Foreign Copyright:
Joonwon Lee
Address: 10, Simhaksan-ro, Seopae-dong, Paju-si, Kyunggi-do,
　　　　　Korea
Telephone: 82-2-3142-4151
E-mail: jwlee@cyber.co.kr

리폼 셀프 인테리어
버리기 아까워 고쳐쓰기로 마음먹었다

2015. 6. 15. 1판 1쇄 발행
2018. 11. 28. 1판 2쇄 발행

지은이 | 박인정
펴낸이 | 이종춘
펴낸곳 | BM (주)도서출판 성안당

주소 | 04032 서울시 마포구 양화로 127 첨단빌딩 5층(출판기획 R&D 센터)
　　　 10881 경기도 파주시 문발로 112 출판문화정보산업단지(제작 및 물류)
전화 | 02) 3142-0036
　　　 031) 950-6300
팩스 | 031) 955-0510
등록 | 1973. 2. 1. 제406-2005-000046호
출판사 홈페이지 | www.cyber.co.kr
ISBN | 978-89-315-8724-1 (13590)
정가 | 16,800원

이 책을 만든 사람들
책임 | 최옥현
기획 | 상:想 company
진행 | 상:想 company, 정지현
교정·교열 | 박재언
표지·본문 디자인 | 상:想 company
홍보 | 정가현
국제부 | 이선민, 조혜란, 김혜숙
마케팅 | 구본철, 차정욱, 나진호, 이동후, 강호묵
제작 | 김유석

이 책의 어느 부분도 저작권자나 BM (주)도서출판 성안당 발행인의 승인 문서 없이 일부 또는 전부를 사진 복사나 디스크 복사 및 기타 정보 재생 시스템을 비롯하여 현재 알려지거나 향후 발명될 어떤 전기적, 기계적 또는 다른 수단을 통해 복사하거나 재생하거나 이용할 수 없음.

■ 도서 A/S 안내

성안당에서 발행하는 모든 도서는 저자와 출판사, 그리고 독자가 함께 만들어 나갑니다.
좋은 책을 펴내기 위해 많은 노력을 기울이고 있습니다. 혹시라도 내용상의 오류나 오탈자 등이 발견되면 "좋은 책은 나라의 보배"로서 우리 모두가 함께 만들어 간다는 마음으로 연락주시기 바랍니다. 수정 보완하여 더 나은 책이 되도록 최선을 다하겠습니다.
성안당은 늘 독자 여러분들의 소중한 의견을 기다리고 있습니다. 좋은 의견을 보내주시는 분께는 성안당 쇼핑몰의 포인트(3,000포인트)를 적립해 드립니다.
잘못 만들어진 책이나 부록 등이 파손된 경우에는 교환해 드립니다.